일왕 궁성을 겨눈 민족혼

김 지 섭

일왕 궁성을 겨눈 민족혼 김지섭

초판 제1쇄 인쇄 2011.12.27
초판 제1쇄 발행 2011.12.30

지은이　　김 용 달
펴낸이　　김 경 희

경　　영　　강 숙 자
편　　집　　송 인 선 · 최 윤 정
영　　업　　문 영 준
관　　리　　문 암 식
경　　리　　김 양 헌

펴낸곳　　(주)지식산업사
　　　　　본사 ● 413 - 832, 경기도 파주시 교하읍 문발리 520 - 12
　　　　　　　　전화 (031) 955 - 4226~7 팩스 (031)955 - 4228
　　　　　서울사무소 ● 110 - 040, 서울시 종로구 통의동 35 - 18
　　　　　　　　전화 (02)734 - 1978 팩스 (02)720 - 7900
　　　　　한글문패　지식산업사
　　　　　영문문패　www.jisik.co.kr
　　　　　전자우편　jsp@jisik.co.kr
　　　　　등록번호　1 - 363
　　　　　등록날짜　1969. 5. 8.

책값은 뒤표지에 있습니다.

이 책을 읽고 저자에게 문의하고자 하는 이는
지식산업사 전자우편으로 연락바랍니다.

이 책 발간에는 국가보훈처의 지원이 있었습니다.

김지섭

일왕 궁성을 겨눈 민족혼

김 용 달 지음

지식산업사

책머리에

역사는 우연과 필연이 날줄과 씨줄이 되어 이루어진다. 필자가 김지섭 의사를 만난 것도 우연과 필연의 한 과정이었다. 10여 년 전쯤 필자는 국가보훈처 연구관으로 일하고 있었다. 한국사, 그것도 독립운동사를 공부한 인연으로 국가보훈처의 독립유공자 발굴 포상 업무를 맡았던 것이다.

오랜 학위 과정과 고달픈 강사 생활을 거쳐 어렵사리 얻은 자리였다. 기나긴 백수 생활 끝에 일자리를 얻은 사람들이 대개 그렇듯이 당시 필자는 열정과 사명감에 불타고 있었다. 그때 우연히 안동청년유도회에서 학술강연 요청이 왔다. 바로 김지섭 의사 추모 강연이었다. 안동대학교 김희곤 교수의 소개로 요청하는 것이라고 했다.

필자와 김지섭 의사의 인연은 그렇게 시작되었다. 학술 강연을 위해 자료를 찾고 원고를 만들면서 역사와 인물에 대해

새로운 생각이 들었다. 한동안 필자는 인간 집단, 곧 민족과 민중을 움직인 토대와 힘에 대해 몰두하였다. 일제강점기 독립운동과 변혁의 주체로 민족과 민중 문제에 관심을 갖고 연구를 해왔던 것이다. 필자가 살아 오던 시대가 독재와 반독재, 희망과 좌절로 점철되었기 때문이다.

필자는 인간이 역사를 창조한다는 사실을 부정하지는 않았지만, 개인에 대한 연구는 한낱 호사가의 일로 치부하며 살았다. 하지만 김지섭 의사를 만나면서 필자의 생각이 얼마나 어리석은 것인지 알게 되었다. 조국 광복과 민족독립, 나아가 인류 평화와 정의의 길을 닦고자 고귀한 생명까지도 역사의 제단에 기꺼이 바친 숭고한 삶을 봤기 때문이다. 거기서 필자는 당대의 부귀영화보다 거침없이 역사 속의 영원한 삶을 선택한 인물들의 뜨거운 숨결을 느꼈다.

현장에 나서기엔 용기가 부족했고 숨죽여 지내기엔 가슴이 미어지던 시절을 보낸 자신의 기억과, 나이테가 쌓여 갈수록 양심을 지키며 행동하는 지식인으로 살기가 얼마나 어려운 일인지를 깨달은 필자의 아둔함을 자책하는 일이기도 했다.

지금도 그날이 어제 일처럼 떠오른다. 기차를 타고 난생처음 안동을 찾던 그날. 역사와 의리의 고장인 안동으로 가는 길이었다. 군 입대 때문에 학부 시절 안동문화권 답사를 놓쳤고, 복학한 뒤에는 입대 전에 갔던 곳을 다시 가게 되는 불운으로 안동은 필자에게 처녀림과 다름없는 곳이었다. 그런 설렘과 김지섭 의사에 대한 갖가지 상념으로 기차여행 내내 많은 생각이 오갔다. 차창 멀리 단풍으로 붉게 물든 가을 정취는 필자를 더욱 감상에 젖게 하였다.

어찌하여 김지섭 의사는 조국 광복과 민족독립의 꿈을 잃지 않았을까, 그것이 가능하다고 봤을까. 김지섭 의거 당시 국제사회는 파리강화회의로 베르사유 체제가 형성된 뒤, 워싱턴 군축회의를 거치면서 제국주의 국제질서가 난공불락의 기세로 자리 잡을 것처럼 보이던 때였다. 독립운동사를 개척한 조동걸 선생은 '역사는 인류가 꿈을 갖고 그 꿈을 이루어가는 발자취'라고 했다. 달리 말하면 '꿈이 있어 역사가 존재하고, 그 속에서 인류가 못다 이룬 꿈을 찾아내 또 다른 역사를 꽃피운다'는 것이다.

반제국주의 이념으로 사회주의를 수용하고 실천 방략으로 의열투쟁 노선을 선택한 사실, 차라리 죽을지언정 결단코 항복은 하지 않겠다는 자세, 살아서 못 갚으면 죽어서도 결코 잊지 않는다는 신념은 김지섭 의사가 어느 한 순간에도 민족독립의 꿈을 접지 않았다는 사실을 말해준다. 하지만 김지섭 의사가 바라던 것이 이것만일까. 아니었을 것이다. 그는 우리 후손들이 자유롭고 당당하게, 세계 인류와 더불어 평화롭게, 정의가 강물처럼 도도하게 흐르는 세상에서 살기를 바랐으리라 생각한다.

자신들은 거침없이 민족독립의 제단으로 가지만, 후손들만은 그렇게 비장한 삶을 살지 않기를 바랐을 것이다. 마치 부모가 자신들은 굶을지라도 자식들이 맛있게 먹는 모습을 보면서 행복해 하는 것처럼 말이다. 하지만 자식들은 그 음식이 부모가 만들어준 것임을 잊어서는 안 된다는 생각을 했다. 그래서 그날 강연은 비장한 자세가 아니라 행복한 마음으로 김지섭 의사의 참 뜻을 전하고자 나름으로 정성을 다했던 기억이 난다.

김지섭 의사와 인연을 맺은 지 10여 년이 지난 오늘에야 안동독립운동기념관 인물총서로 김지섭 의사 열전을 펴내게 되었다. 독립운동 선열의 피땀으로 이룬 대한민국의 국민이자 독립운동사를 공부하는 후학으로서 정녕 면목 없는 일이다. 더욱이 거친 글과 내용의 허술함으로 행여 김지섭 의사의 숭고한 생애와 고귀한 이상이 훼손되지나 않았을까 크게 걱정된다.

그럼에도 이 책을 세상에 내놓게 된 것은, 오늘을 사는 우리 후손들의 도리이자 책무라고 생각한 까닭이다. 책을 내기까지 큰 도움을 준 김희곤 안동독립운동기념관장을 비롯한 강윤정 학예실장과 한준호·김지훈 학예연구사께 감사드린다. 아울러 꼼꼼히 교열 교정을 해주신 지식산업사 김경희 사장님과 정성들여 만들어 준 편집부원들께 깊은 사의를 표한다.

2011년 겨울 흑성산 기슭에서

김용달

차 례

1

한 발의 총성, 한 발의 폭탄

우리는 과거 역사에서 한 발의 총성과 한 발의 폭탄이 역사를 바꾼 사례를 여러 차례 봐 왔다. 사라예보에서 세르비아 청년이 쏜 한 발의 총성이 제1차 세계대전을 초래하였고, 하얼빈 역에서 울린 안중근 의사의 총소리는 잠자던 동아시아 민족의 반침략 평화주의와 한민족의 독립정신을 드높였다. 나아가 이봉창 의사와 윤봉길 의사의 폭탄 한 발이 침체의 늪에 빠진 대한민국 임시정부를 구하며 독립운동에 활기를 불어넣었고, 조국 광복의 초석이 되었다. 이것이야말로 의열투쟁이 지향하는 것이다.

의열투쟁은 부귀와 영화를 노린 것도, 개인의 공명심에 의한 것도 아니다. 오직 한 목숨을 던져 민족의 대의를 드러내고, 역사의 물줄기를 바꾸어 사회를 변혁하는 것이 목적이다. 그렇다고 의열투쟁이 어느 날 갑자기 이루어지는 것은

__ 김지섭

아니다. 거기에는 의사나 열사가 오랫동안 견지해 온 사상
과 철학, 그리고 조국애와 민족애가 녹아 있기 때문이다.

　김지섭 의거도 마찬가지이다. 역사에는 '이중교二重橋 투
탄' 의거로 알려져 있지만, 그것이 전부는 아니다. 마치 '한
송이의 국화꽃을 피우기 위해 봄부터 소쩍새가 그렇게 울었'
듯이, 의거가 있기까지 지속된 김지섭 의사의 민족적 노력
이 가리어져서는 안 된다. 경술국치 이후 민족독립과 조국
광복을 위해 벌인 독립운동의 한 열매로 김지섭 의거를 인식
해야 한다는 뜻이다.

2

한국독립운동과 의열투쟁

한국독립운동은 지속성과 광범성, 근대성과 다양성, 그리고 강렬한 투쟁성이라는 특성을 가졌다. 한민족은 일제의 침략으로 국권이 무너지자 결연히 일어났는데 그것이 바로 1894년 갑오변란, 즉 일본군의 경복궁 쿠데타를 계기로 봉기한 의병전쟁이다. 이는 다음 해 명성황후가 시해되자 '국모의 원수를 갚자'는 깃발 아래 전국적으로 확산되었다. 이렇게 녹립운농의 역사는 19세기 말부터 무장 투쟁인 의병전쟁으로 시작되어 1945년 8·15광복의 그날까지 반세기에 걸쳐 계속되었다. 한국독립운동은 이렇게 끈질기고 지속적인 역사를 가지고 있다.

한국독립운동의 특성 가운데 또 하나는 지역의 광범성이다. 국내는 말할 것 없이 국외에서도 한민족이 사는 곳이라면 어디나 독립운동의 무대가 되었다. 한말에 이미 국경을 접한 중국 만주와 러시아 연해주 지역이 독립운동의 근거지가 되었고, 그 무대는 일제강점기 때 더욱 넓게 확대되었다. 독립군이나 항일 빨치산의 활동 무대가 된 중국 만주와 러시아 연해주 지역은 말할 것 없고, 임시정부가 수립된 상해를 비롯하여 중국 관내지역도 독립운동의 중심지로 떠올랐다. 더욱이 적지인 일본 안에서도, 그리고 미주와 유럽 지역에서도 독립운동이 펼쳐짐으로써 한국독립운동의 무대는 전 세계로 확대되었던 것이다.

한국독립운동의 또 다른 특성은 근대성이다. 그래서 독립운동이라 이름 붙일 수 있는 것이다. 복벽주의와 보황주의 계열의 국권회복운동도 있었으나 점차 극복되었고, 대한제국 시기의 전제군주국이 아니라 근대적 국민국가, 즉 민주공화국으로 새롭게 독립하려는 것이 독립운동의 목표였다. 민족의 대표기관이자 주권기관을 자임한 대한민국 임시정부가 근대적 민주공화제로 수립되었음은 물론, 27년 존속기간 내내 민주적 절차를 저버리지 않았던 사실이 그것을 증명한다. 이런 의미에서 독립운동가들은 열렬한 혁명가이자 근대화운동가였던 셈이다.

운동 노선과 이념의 다양성 또한 한국독립운동 특성 가운데 하나이다. 무장독립투쟁과 외교 독립운동, 민족문화운동과 민족경제운동, 그리고 농민·노동자·청년학생·여성 등 여러 분야의 사회 구성원이 펼친 사회운동 등 실로 다양한 방식으로 조국 광복과 민족해방을 갈구하였다. 이 같은 여러 갈래의 독립운동은 자유주의와 사회주의, 그리고 무정부주의 등 다양한 이념에 따라 무지개처럼 피어났던 것이다.

게다가 한국독립운동은 격렬한 투쟁성을 가졌다. 독립운동이 무장 투쟁인 의병전쟁으로 시작된 사실을 봐도 알 수 있다. 무장 투쟁의 전통은 1907년 대한제국 군대해산 이후 국민적 의병전쟁을 거쳐 1920년대 만주·연해주 지역의 독립군 항쟁으로 발전하였다. 그리고 1930~40년대 항일 빨치산 투쟁이나 조선의용대(군), 한국광복군의 항일전으로 이어졌다. 따라서 한국독립운동의 중심에는 투쟁성의 상징으로 무장독립투쟁의 자부심이 자리하고 있었고, 또 무장독립투쟁은 여러 갈래의 독립운동을 꽃피운 원천이자 동력이기도 하였다.

한국독립운동 가운데 가장 독특한 것은 의열투쟁이다. 이것은 자신의 생명까지도 던지며 온 인류에게 자유와 정의의 메시지를 전달하고, 민족독립의 대의를 밝히는 것이다. 이런 점에서 의열투쟁은 테러와 매우 다르다. 우선 목적부터 큰 차이가 있다. 테러는 개인이나 일부 집단 또는 단체의 사

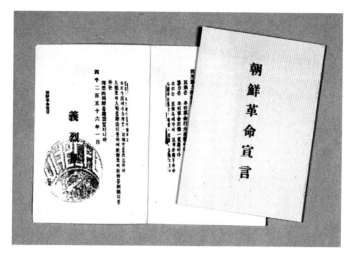

조선혁명선언

사로운 이익을 위한 것이지만, 의열투쟁은 국가와 민족, 인류공영을 위한 것이다. 또한 테러는 불특정 다수를 공격 대상으로 삼아 선량한 시민의 피해가 크지만, 의열투쟁은 침략 원흉이나 공공의 적 또는 식민기관이나 단체 등 소수를 대상으로 한다. 또 테러와 달리 의열투쟁은 정정당당하게 거사의 목적·이유·주체를 밝힌다.

1895년 일본 정치 낭인들이 경복궁에 난입하여 명성황후를 시해하고 끝내 숨기고 있는 것 따위가 테러이다. 불꽃처럼 한국독립운동을 이끈 의열투쟁의 경우에는 어느 하나 숨기는 것이 없었다. 1910년대 의열투쟁을 대표한 대한광복회의 경우, 밝히지 않으면 누구도 알 수 없는 처단 이유와 투쟁 주체를 〈고시문〉으로 현장에 게시하고 떠났다. 의열단도 거사를 결행하면서 그 이유를 밝힌 〈조선혁명선언〉을 살포했음은 널리 알려진 사실이다. 이중교 투탄 의거 직후에도 의열단은 거사의 이유와 그것을 결행한 김지섭을 소개하는 선전문을 제작하여 각지에 배포하였다.

이봉창·윤봉길 의거 직후 한인애국단도 선전문을 만들어 각국의 언론기관에 배포하여 자신들의 거사임을 밝혔고, 그 구체적 사실을 《도왜실기屠倭實記》로 간행하기도 하였다. 이로써 의열투쟁은 인류의 공명을 얻고 그에 따른 역사적 평가를 받고 있다. 결국 의열투쟁은 역사 발전적이며 혁명이라는 의미를 가지고 있지만, 테러는 역사를 혼란과 함정에 빠뜨리고 후퇴시킨다.

그렇더라도 반드시 고려해야 할 것이 있다. 바로 온 인류가 공감할 수 있는 반反침략 평화주의를 실천적 기반으로 해야 한다는 점이다. 이 점을 상실한다면 진정한 의미의 의열투쟁이 아니라 결국 테러나 마찬가지가 된다.

3

안동 풍산김씨 집성촌에서 태어나다

  김지섭은 1884년 음력 7월 21일 경북 안동군 풍북면 오미
동 369번지(현 안동시 풍산읍 오미리)에서 병규秉奎의 장남으로
태어났고, 곧 큰아버지 병두秉斗의 양자가 되었다. 자는 위
경衛卿, 호는 추강秋岡이다. 김지섭이 태어난 해는 갑신정변
이 일어난 해였다. 개항 이후 근대화의 물결은 개화파라는
새로운 정치 세력을 키워왔고, 개화파는 그해에 반反외세 자
주화와 반反봉건 근대화를 이루려는 정변을 일으켰다. 하지
만 정변은 '삼일천하'로 끝나고 말았다. 조국 근대화의 시기
는 그만큼 늦어졌고, 외세의 침략에도 효과적으로 대처하지
못하게 된 것이다. 어떻게 보면 김지섭이 반일 독립운동의
짐을 지게 된 이유 가운데 하나도 이로부터 유래했다고 해도
지나친 말은 아니다.

  김지섭이 태어난 곳은 안동이었고, 또 풍산김씨 집성촌

김지섭 가계도

14세	金大賢				
15세	金慶祖 (넷째)				金崇祖 (아홉째)
23세					金重德
24세					金若欽
25세					金洛洪
26세	金秉璜				金秉斗
27세	金鼎爕	金履爕	金應爕	金奎爕	金祉爕
28세					金在杰

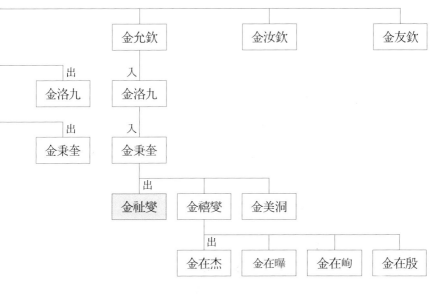

金允欽　　金汝欽　　金友欽

出　　　入
金洛九　　金洛九

出　　　入
金秉奎　　金秉奎

出
金祉燮　　金禧燮　　金美洞

出
金在杰　　金在曄　　金在峋　　金在殷

※ 이 가계도는 《풍산김씨세보》(풍산김씨중앙종친회, 1990)를 참고
하여 정리하였다.

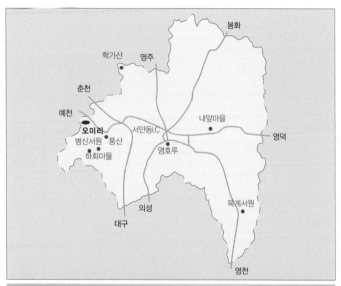

오미마을 위치도(위)와 전경(아래)

인 오미동이었다. 안동은 '의리와 명분'을 중시하는 조선왕조 퇴계학의 본산으로, 정통 유학의 맥을 잇고 있다는 자부심이 강한 곳이었다. 그러한 의식은 오미동이라고 해서 다르지 않았다. 김지섭은 족숙 운재雲齋 김병황金秉璜의 문하에서 한학을 배웠다. 한학자로 명망이 높던 김병황은 안동에서 의병이 일어나자 풍산김씨 문중을 대표해 의병을 지원하였고, 그의 맏아들 김정섭은 안동의 의병 활동을 기록한 《을미병신일록》을 남기기도 하였다. 더구나 그는 김지섭의 일생에 많은 영향을 준 김응섭金應燮의 부친이었다.

4

어려서 한학을 배우며
천재라 불리다

김지섭은 어려서 김병황의 사숙私塾에서 한문을 공부할 때
부터 천재라고 불리웠으며 성년이 된 뒤로 재사才士라는 칭
호를 들었다. 영민한 아이였던 김지섭은 8살 때부터 운재 문
하에서 한학을 배웠다. 이때부터 4~5년 동안 운재로부터
의리와 명분을 중시하는 퇴계 유학을 익히면서, 그보다 6살
연상으로 근대 학문을 닦던 김응섭의 영향을 받았다. 결국
운재로부터 김지섭이 익힌 것은 의리와 명분을 중시하는 퇴
계학의 전통과, 일제의 침략에 대항하여 의병전쟁으로 표출
되었던 안동 유학의 실천 정신이었을 것이다.

1907년 3월 김지섭이 보통학교 교원 시험을 보아 한문과
漢文科 부교원으로 합격한 일도 김응섭의 영향이었다. 김응
섭은 이 시기 이미 고향을 떠나 상경하여 한성법관양성소에

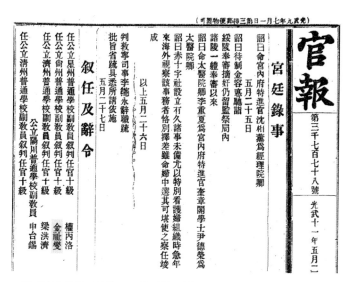

김지섭의 상주보통학교 교원 임용 내용을 실은 대한제국 관보

재학 중이었다. 그는 가끔 고향에 내려와 서울의 소식을 전했고, 더욱이 1905년 11월 을사조약 이후 질풍노도처럼 번지고 있던 구국계몽운동의 양상을 알려주었다. 민중을 계몽하여 민족의 실력을 키우고, 이를 바탕으로 잃어버린 국권을 되찾자는 구국계몽운동 소식은 젊은 김지섭의 가슴에도 불을 질렀음이 틀림없다. 그리하여 김지섭은 계몽운동에 동참하고자 교원 시험을 치렀고, 1907년 5월에는 상주보통학교 부교원으로 임용된 것이다.

상주보통학교 교원 시절의 김지섭

5

근대식 교육을 받고
재판소 번역관이 되다

　김지섭의 보통학교 교원 생활은 오래가지 않았다. 시골에서 교원으로 안주하기에는 그의 포부가 너무 컸고, 넘치는 혈기 또한 주체할 수 없었다. 1907년 12월 한성법관양성소를 졸업하고 성법박사成法博士가 된 김응섭의 성장과 발전도 그의 사회 진출 욕구를 자극하였다. 김지섭은 무신년(1908) 2월 17일자 편지에서 "형(김응섭)이 성법박사를 이루어 매우 기쁘고 큰 영광"이라고 말하고 있다. 곧 자신도 형과 같이 되고 싶다는 강한 욕망을 드러낸 것이다. 그래서인지, 아니면 당시 함흥 재판소 검사로 재직하고 있던 김응섭의 권유인지 모르겠지만, 김지섭은 1908년 11월 상주보통학교 교원을 사직하고 상경하였다.

　김지섭의 상경은 이때가 처음은 아닌 것 같다. 이미 1908

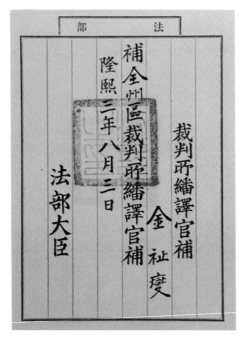

김지섭의 전주구 재판소 번역관보 임명장

년 3월 서울에 있는 영남인사들을 중심으로 결성된 구국 교육운동 단체 교남嶠南교육회에 김지섭이 참여한 기록이 있으니 말이다. 교남교육회에는 그가 존경하고 따르던 김이섭·김응섭 형제는 말할 것 없고, 그의 평생 동지인 김시현도 참여하고 있었다. 김지섭은 여기에서 활동하면서 근대 교육과 고등교육의 필요성을 절실하게 느꼈던 것 같다. 그래서 그

금산구 재판소 시절의 김지섭 부부

는 상주보통학교 한문과 교원 사리를 내놓고 상경, 사립 광화신숙廣化新塾 일어전문과에 입학하여 근대식 교육을 받았다. 그 결과 1909년 8월 대한제국 재판소 번역관 시험에 합격하여 전주구全州區 재판소 번역관보에 임명되었다. 겨우 1년도 안된 기간에 이루어낸 성과였으니 재사로 불리던 그의 능력을 미루어 짐작할 수 있겠다.

그러다가 대한제국의 사법권을 강탈한 일제의 기유각서己酉覺書가 발효되어 1909년 11월에 법부가 폐지되고 통감부 사법청이 개설되었다. 이는 김지섭에게 큰 충격이었다. 일제 침략이 직접 자신의 생활에 미친 것이다. 이제부터 김지섭은 대한제국 법부 소속 재판소의 번역관이 아니라, 일제 통감부 재판소의 통역생이 된 것이다. 뒷날 그가 술회한 것처럼 "일본에게 모욕을 당한 때에 분개하여 (독립운동)한 것이요. 처음은 그렇게 깊이 생각하지 않았으나 모욕을 당하고 생각함에 생명을 희생하여도 아깝지 않았소"라고 말할 만큼의 충격이었다.

6

아! 금산군수 홍범식의 자결

기유각서에 따라 통감부 재판소 관리가 된 김지섭은 1909년 11월부터 금산구錦山區 재판소 통역생 겸 서기로 옮겨 근무하게 되었다. 하지만 이보다 더 큰 충격이 그에게 닥쳤다. 1910년 8월에 경술국치를 당하여 나라가 망한 것이고, 또 그것에 저항하여 금산군수 홍범식洪範植이 자결한 것이다. 1871년 충북 괴산군 괴산면 인산리에서 양반 명문가의 후손으로 태어난 홍범식은 1909년부터 금산군수로 근무하고 있었다. 홍범식은 국유화될 위기에 놓인 민간 개간지를 사유지로 확정해 주는 등 백성들을 위한 행정을 폄으로써 칭송이 자자했다. 그런데 경술국치 소식을 듣고, "아아! 내가 이미 사방 백 리의 땅을 지키는 몸이면서도 힘이 없어 나라가 망하는 것을 구하지 못하니 속히 죽는 것만 같지 못하다"고 탄식하였다. 그리고는 자결로 순국을 결심한 듯 미리 유서를

금산군수 시절의 홍범식

_홍범식(앞줄 가운데)과 동료들

써 놓았다.

1910년 8월 29일. 이른바 '한일합방' 조약이 공포되자 이 날 저녁 홍범식은 금산구 재판소 서기로 있던 김지섭에게 상 자를 하나 들려 집으로 돌려보내고 관아 객사로 갔다. 그리 고 시종하는 고을 사령을 밖에 머물게 하고 객사 안으로 들 어가 북향하여 임금에게 예를 표한 뒤 목을 매어 자결하려 하였다. 이때 이를 알아챈 고을 사령이 통곡하며 만류하자 홍범식은 화를 내며 그를 밀치고 다른 곳으로 걸어갔다. 고 을 사령이 다시 뒤따라가자 그에게 모래를 뿌려 앞을 못 보게 한 뒤 어디론가 사라지고 말았다.

김지섭이 집으로 가 홍범식이 맡긴 상자를 열어 보았더니, 거기에는 가족에게 남긴 유서와 함께 "나라가 망했구나. 나는 죽음으로써 충성을 다하련다. 그대도 빨리 관직을 떠나 다른 일에 종사하라"는 편지가 들어 있었다. 이에 경악한 김지섭은 홍범식의 행방을 수소문하다가, 그를 찾고 있던 고을 사령 일행과 만나게 되었다. 이들은 객사 주변을 나누어 수색하다가 "여기 나리가 계시다"라는 외침을 듣고 달려가 보니, 홍범식은 객사 뒤뜰 소나무 가지에 목을 맨 채 죽어 있었다. 그런데 그 모습이 마치 자는 듯 편안한 자세였다. 순국 당시 홍범식의 나이는 갓 마흔에 지나지 아니하였으니, 그 애절하고 원통한 마음은 더 말해 무엇하겠는가.

홍범식이 가슴에 품고 있던 유서는 염탐하던 일본인이 탈취해 갔으나, 김지섭에게 미리 맡겨 놓은 것은 장남인 벽초 홍명희에게 온전하게 전달되었다. 이런 인연으로 홍명희는 8·15광복 뒤 의열단 동지들과 각계 인사들의 발의로 김지섭의 장례를 사회장으로 다시 지낼 때 장례위원장을 맡았다. 사람에게 인연이란 이렇게 소중한 것이고, 그 끈은 대를 이어 전해지는 것이다. 유서는 모두 10여 통으로, 홍범식의 조모를 비롯하여 부친과 부인, 그리고 여섯 명의 자녀와 장

손에게 남긴 것들이다.

홍범식은 유서를 맡길 정도로 김지섭을 끔찍이 아꼈다. 관향貫鄕이 같은 풍산豊山이기도 하지만, 김지섭의 지사적 풍모가 마음에 들었기 때문이기도 했을 것이다. 부형父兄처럼 따르던 홍범식의 자결은 김지섭에게 조국과 민족을 다시 생각하게 한 충격적인 사건이었음이 틀림없다. 그것은 김지섭이 홍범식의 자결 이후 항상 사직을 염두에 두고 있었던 사실에서 잘 알 수 있다.

더욱이 자신에게 우상과 같은 존재인 김응섭이 1911년 1월 평양 지방재판소 검사로 전보되었다가, 일제의 앞잡이로 살 수 없다며 1912년 6월 사직하고 한성법관양성소 선배인 홍진과 함께 평양에서 변호사 사무소를 내고 있었다. 이에 김지섭도 1913년 1월 8일 재직하고 있던 영동구永同區 재판소 통역생 겸 서기를 사직하고, 새로운 삶을 시작하였다.

7

김응섭과 조선국권회복단

김지섭은 이후 "향리로 돌아가서 동지와 왕래하며 열렬히 시사時事를 논담"하였다. 그러다가 1915년 5월 김응섭이 대구로 변호사 사무소를 옮기고 상주에도 출장소를 내자, 여기에서 서기로 근무하게 되었다. 김응섭은 이 시기 대구에서 비밀결사로 조직된 조선국권회복단에도 참여하고 있었다. 조선국권회복단은 1915년 음력 1월 15일 경북 달성군 수성면 대명동 안일암安逸庵에서 달성친목회達城親睦會와 그 부속 기관인 강의원간친회講義園懇親會를 바탕으로 조직된 독립운동단체이다.

달성친목회 회원 서상일徐相日·이시영李始榮·박영모朴永模·홍주일洪宙一 등은 시회詩會를 가장한 모임을 열고, 국권회복에 관한 방안을 협의하였다. 이들은 국내에서 세력을 확장하고 해외 독립운동세력과 연계하여 최후로 민족독립을

김응섭

쟁취한다는 것을 목표로 삼았다. 조직은 통령統領 윤상태尹
相泰(달성), 외교부장 서상일(대구), 교통부장 이시영李始榮(대
구)·박영모朴永模(합천), 기밀부장 홍주일洪宙一(청도), 문서부
장 이영국李永局(대구)·서병용徐丙龍(대구), 권유부장 김규金圭
(충남 아산), 유세부장 정순영鄭舜泳(대구), 결사대장 황병기黃
炳基(전라도), 마산지부장 안확安廓(마산)과 그 임원 이형재李
亨宰(마산)·김기성金基聲(마산) 등이었다.

조선국권회복단의 알려진 단원은 김응섭을 비롯하어 우하교禹夏敎(달성)·배상연裵相淵(성주)·서창규徐昌圭(대구)·편동현片東鉉(영일)·조필연趙弼淵(상주)·윤창기尹昌基(대구)·김재열金在烈(고령)·장석영張錫英(성주)·배상렴裵相濂(성주)·박상진朴尙鎭(경주)·정운일鄭雲馹(대구)·신상태申相泰(칠곡)·이수묵李守黙(칠곡)·조긍섭曹肯燮(달성)·최준崔浚(경주)·징용기鄭龍基(대구)·남형우南亨祐(고령)·서상환徐相懽(통영)·배중세裵重世(마산)·이순상李舜相(마산)·서상호徐相灝(통영)·변상태卞相泰(진해)·황병기黃炳基(전라도) 등이었다.

이들은 상업 조직을 광범하게 활용하였다. 대표적인 상업 조직은 박상진의 상덕태상회尙德泰商會, 서상일의 태궁상회泰弓商會, 윤상태의 칠곡군 왜관 향산상회香山商會, 안희제의 부산 백산상회白山商會, 통영의 곡물상 서상호, 마산 이형재의 원농상회元東商會와 김기성의 완오상회丸五商會 등이었다. 상업 조직은 일제의 무력 탄압이라는 악조건 아래서 비밀지하운동으로 독립운동을 전개하기 위한 정보 연락과 재정기지 노릇을 하였다. 일경의 감시망을 피하고 부호들에게 쉽게 접근하여 활동하는 데 상업 조직이 유용하였기 때문이었다. 이러한 상업 조직을 통해 국내의 독립운동 세력이나 만주 독립운동 단체 및 대한민국 임시정부 등과 상호 연결하여 국내외의 독립운동을 지원하였다. 서상일의 태궁상회와 윤상태의 향산상회가 조선국권회복단의 거점이라면, 박상진의 상덕태상회와 영주의 대동상점은 대한광복회의 거점이었고, 백산상회는 대동청년단의 거점이었다. 이뿐만 아니라 중국 단동 이관구李觀求의 삼달양행三達洋行, 서세충徐世忠의 성신태상회誠信泰商會, 신백우申伯雨의 성덕태상회誠德泰商會, 장춘의 상원양행尙元洋行, 봉천 이해천의 해천상회海天商會 등 국외 상업 조직과도 연결되어 있었다.

조선국권회복단은 박상진·정운일 등이 풍기의 광복단과 연결하여 1915년 7월 대한광복회를 결성하면서 조직의 활동 영역이 넓어졌다. 나아가 경남 일원에서 활동하던 대동청년단과도 제휴하였다. 대한광복회에 참여한 인사는 박상진·이시영·정순영·홍주일·정운일·최준 등이었으며, 대동청년단에 관련된 인사로는 윤상태·서상일·신상태·남형우·박영모·안희제·박중화 등이었다. 조선국권회복단은 1915년 결성 이후 1919년 조직이 탄로 날 때까지 다양한 활동을 전개하였는데, 최대 과제는 만주나 노령과 연결하여 국권회복운동을 지원하는 것이었다.

초기 조선국권회복단 단원들은 대부분 중산층 이상의 재력을 가졌으므로 자신의 재산을 희사할 계획이었다. 그러나

光復會事件
控訴判決

ㅅ형이 오명이오 무죄가 칠명이라

소위광복회(光復會)라 하는것은 인강도단의 사건은 임의죄상에 ... 쳐널니아는 바어니와 지나간이 십어일 오후 네시부터 경성복심 법원형사부 데철호 법뎡에셔이 사건의범인박상진(朴尙鎭)이하 십칠명의데이심판 결인도가 잇엇는디 그판결은 아리와 갓더라

有罪

△金尙鉉『原制決死刑』 蔡基中
△金敬泰『同上』 林世
圭『同上』 庚昌淳『原死刑』

懲役十年 張斗煥『同上』
△七年 金台鎬『原死刑』
九十 孫基榮『原三年』
△七十 金在象『同上』
同上 尹昌夏『原一年』

無罪
△權成旭『原無罪』△成文永『同
上』 △趙鍾弼『同上』△柳重協
『同上』△成達永『同上』△鄭雨
農『同上』△鄭雲『同上』

광복회 사건 기사(매일신보 1919년 9월 24일자)

자신의 재산만으로는 군대 양성이나 무기 구입에 부응할 수 없어, 대구를 비롯한 국내 자산가들로부터 일정액을 나누어 받기로 하였다. 이 같은 목표 아래 정운일·최병규·최준명 등은 대구의 부호를 대상으로 군자금 모금에 나섰다. 1차로 1915년 4월쯤 최준명이 서창규徐昌圭를 만나 독립운동에 필요한 자금을 요청하였으나 실패하였다. 다시 6월 무렵 최병규·정운일·김재열 등이 권총을 소지하고 서창규를 만나 군자금을 요구하였으나, 끝내 거절당했다. 7월 15일 대한광복회가 결성되면서 조선국권회복단과 밀접하게 연계하여 활동하게 되는데, 그 대표적인 사건이 이른바 '대구 권총사건'이었다.

이 사건은 박상진이 조선국권회복단과 대한광복회 소속의

40

이시영·정순영·홍주일·정운일·김재열 등을 비롯하여 대구의 최병규·최준명·김진만·김진우 등에게 지시하여 결행되었다. 이들은 9월 3일 2차 모금을 위해 정재학鄭在學·이장우李章雨·서우순徐雨淳의 금고를 털었다. 이로 말미암아 체포된 단원들은 1917년 6월 18일 대구복심법원大邱覆審法院에서 김진우 징역 12년, 김진만·정운일·최병규 징역 10년, 권국필·최준명 징역 2년, 박상진·김재열 징역 6월, 홍주일 징역 5월, 이시영 징역 4월을 선고받았다. 하지만 이들은 일경의 모진 고문에도 비밀을 발설하지 않았다.

1919년 3·1운동 때도 조선국권회복단 단원들은 대동청년단·대한광복회 등과 함께 활발하게 활동하였다. 이시영과 대동청년단의 김관제金觀濟·변상태卞相泰가 서울에 파견되어 3·1운동에 참여하였다. 이시영은 만주, 김관제는 경남 동부, 변상태는 경남 서부로 출발하였다. 변상태는 경남 서부 지역을 순회하면서 시위를 계획하였고 4월 3일 삼진의거, 즉 진동사건鎭東事件을 주도하였다. 이 밖에도 1919년 4월 초에는 대한민국 임시정부에 군자금 1만 5천 원을 송금하였다. 나아가 1919년 경상도 지방 유림이 주도한 독립청원서, 즉 파리장서 사건에도 관여하여 장석영張錫英과 우하교禹夏敎가 연서하였고, 김응섭과 조긍섭은 독립청원서를 영문으로 번역하였디.

　김응섭은 4월, 영역한 독립청원서를 파리강화회의에 보내기 위해 남형우와 함께 중국 상해로 밀파되었고, 여기서 임시정부에 참여하여 독립운동을 전개하였다. 이렇게 긴박하게 돌아가는 사실을 김지섭이 몰랐을 리 없다. 김지섭은 경술국치 이후 일제의 한국 식민지 지배에 분개하고 있었다. 더구나 그는 어려서부터 하고자 마음먹은 일은 어떠한 일이라도 반드시 하고야 마는, 심지가 굳은 사람이었다.

8

중국으로 망명하여
독립운동에 투신하다

  김지섭은 '이중교 투탄' 의거 이후 재판 과정에서 독립운동에 참여하게 된 동기를 밝혔다. 일본인 재판장이 독립운동에 참가한 동기는 무엇인가 물으니, 김지섭은 "일본에게 모욕을 당한 때에 분개하여 한 것이요. 처음은 그렇게 깊이 생각하지 않았으나 모욕을 당하고 생각함에 생명을 희생하여도 아깝지 않았소"라고 대답했다. 김지섭이 느낀 모욕은 여러 가지이다. 대한제국 법부 소속 재판소의 번역관 겸 서기가 일제 통감부 사법청 소속 통역생 겸 서기로 바뀐 치욕, 경술국치로 주권을 강탈당한 분노, 그리고 일제가 경신참변과 관동대지진 당시 우리 민족에게 자행한 여러 악행에 대한 울분 등이었다. 김지섭은 이러한 민족적인 치욕과 분노를 독립운동으로 씻고자 하였다.

하지만 김지섭이 정확히 언제 중국으로 망명했는지에 대한 확실한 자료는 발견되지 않고 있다. "3·1운동이 일어난 뒤로 압록강을 건너 길림·북경·상해로 왕복하며 독립운동에 노력"하다가, "대정 10년(1921) 가을쯤 로국공산당과 기맥을 통하여 조선 적화를 목적으로 고려공산당 당원이 되었다"고 히는 일제의 기록이 있을 뿐이다. 따라서 김지섭은 3·1운동 직후 김응섭이 상해로 밀파된 다음, 어느 시기에 중국으로 망명했던 것 같다.

나아가 김지섭은 "대정 11년(1922) 여름에 중국 상해에 있는 의열단에 가입"하였다. 그런데 주목해야 할 점은 김지섭이 상해나 북경에서 활동하던 김응섭을 찾아가지 않고, 고려공산당에 입당하고 의열단에 가입했다는 사실이다. 이는 여러 가지로 생각해 볼 점이 많다. 먼저 김지섭이 김응섭을 찾아갔으나 만나지 못했기 때문으로 생각할 수 있는데, 이는 가능성이 매우 희박하다. 왜냐하면 김응섭은 적어도 1919년 4월 중에는 상해에 있었고, 그 뒤에는 북경에서 주로 활동하였기 때문이다. 그리고 1922년 10월 베르흐네우진스크에서 열린 고려공산당 연합대회에 이르쿠츠크파 대표로 참가하였다가 1923년 1월 상해에서 개최된 국민대표회의에서는 창조파로 활동하였다. 따라서 김지섭이 마음만 먹으면 언제든지 김응섭을 만날 수 있었을 것이다. 그럼에도 김지섭과 김응섭이 같이 활동한 기록은 보이지 않는다.

김응섭은 이중교 투탄 의거 이후 김지섭이 도쿄 이치가야 市ケ谷형무소에서 옥고를 치를 때 "물과 산이 다해도 서로 생각하는 마음은 끝이 없다"는 구절의 시를 보내 그에 대한 각별한 마음을 전했다.

參商落落隔西東　삼별과 상별은 떨어져 동서로 나뉘어 있
　　　　　　　　　어도
窮水窮山不思窮　물과 산이 다해도 서로 생각하는 마음은
　　　　　　　　　끝이 없네
那似身爲胡蝶化　어찌하면 이내 몸이 나비로 변하여
飛來飛去舞窓風　날아오고 날아가서 창 바람에 춤출까

김응섭의 시를 받고 김지섭도 "고국 강산은 지금 적막하니 백세를 두고 스승에게 부끄럽다"는 구절로 된 답시를 보냈다. 사형師兄이자 자신의 롤모델인 김응섭에게 뜻을 이루지 못한 자신의 안타까운 심정을 표현한 것이다.

鳴楚三閭瘦　굴원의 수척함은 초나라를 울게 하였고

不周二子飢　주나라의 백이숙제는 굶어죽지 않았는가

江山今寂寞　고국 강산은 지금 적막하니

百世愧吾師　백세를 두고 스승에게 부끄럽다

　이들 둘 사이의 인간관계에 아무런 문제가 없었다면, 같이
활동하지 않은 이유는 무엇인가. 운동 노선과 방략상의 차
이가 아닌가 생각한다.

9

김지섭의 동지들

김지섭은 중국으로 망명한 뒤, 김시현金始顯과 윤자영尹滋英을 만나 교류하면서 매우 가까운 사이가 되었다. 김시현과는 일찍부터 특별한 사이였다. 우선 동향이자 동년배였다. 김시현이 태어나 성장한 풍산읍 현애리는 김지섭이 출생한 오미리와 아주 가까웠다. 거기다 나이 차이도 없었다. 김시현이 1년 연상이지만 동갑이나 다름없었다. 더욱이 둘은 사돈관계로, 김시현의 여동생이 김지섭의 아우 김희섭金禧燮의 아내였다. 이뿐만 아니라 이들은 한말 교남교육회에서 함께 활동한 적도 있어 일찍부터 긴밀한 사이였다.

윤자영과도 안면이 있었던 것 같다. 10년 아래 동생뻘이었지만 윤자영 또한 안동문화권인 청송 출신으로 지연地緣이 있었다. 더욱이 윤자영은 족제族弟이자 사제師弟인 김재봉의 친구로, 두 사람은 한때 경성공업전습소를 같이 다닌 사

김시현

이였다. 그래서 김재봉을 매개로 김지섭과 윤자영의 관계가
형성되었고, 거기에 의열단을 매개로 김시현과 김지섭, 그
리고 윤자영의 동지적 관계가 만들어진 것 같다. 그것은 김
지섭이 이중교 투탄 의거 이후 형무소에 있으면서도 이들의
안부를 궁금하게 여기고 있는 데서도 알 수 있다.

  김지섭은 예심종결 결정 직후인 1924년 4월 27일, 당시
옥살이 하던 김시현의 소식을 못 들어 매우 궁금하다고 하였

다. 또 같은 해 11월 6일 도쿄지방법원에서 무기징역을 언도받은 뒤에는 상해의 윤자영을 궁금히 여겼다고 한다. 이들은 모두 고려공산당원이자 의열단원이었다. 하지만 그 계열은 달랐다. 윤자영은 상해파 고려공산당원이었고, 김시현과 김지섭은 이르쿠츠크파 고려공산당원이었다. 일제의 예심종결 결정 문서에 따르면 김지섭은 1921년 가을 무렵에 고려공산당에 가입했다고 한다. 1921년 5월 상해파 고려공산당과 이르쿠츠크파 고려공산당이 상해에서 성립하고 얼마 안 된 시점이었다. 그리고 김시현도 군자금 모금 사건으로 1년 동안 옥고를 치르고 1921년 9월 출옥한 뒤 상해로 망명해 있던 시기였다. 그렇다면 이들은 상해에서 다시 만나 의기투합해 같은 시기에 고려공산당, 그것도 이르쿠츠크파 계열의 고려공산당에 입당한 것이 된다. 더욱이 일제의 자료에 따르면 김지섭이 1922년 1월 모스크바에서 열린 극동민족대회에 참석한 것으로 나타난다. 이 대회에는 김시현도 참석하였기 때문에 두 사람이 동행했을 가능성도 크다. 하지만 구체적인 자료는 보이지 않는다.

윤자영은 이 시기 국내에 있었다. 경성전수학교 재학 중에 3·1운동을 주도하여 1년의 옥고를 치르고, 1920년 7월 출옥하였다. 그 뒤 1920년 12월 조선청년회연합회와 1921년

1월 서울청년회를 조직하여 그 핵심 간부로 활동하고 있었다. 그런데 윤자영이 활동하던 서울청년회는, 상해파 고려공산당이 성립하자 이들과 연계를 갖고 활동하였다. 이 때문에 이들은 같은 고려공산당원이지만, 그 계열은 상해파와 이르쿠츠크파로 갈렸던 것이다.

10

상해파, 이르쿠츠크파 고려공산당

 상해파 고려공산당의 기원은 1918년 5월 10일 하바롭스크에서 결성된 최초의 한인 사회주의 단체인 한인사회당韓人社會黨까지 거슬러 올라간다. 하바롭스크는 당시 극동 소비에트 정부의 행정청 소재지였으며, 러시아 극동지역 혁명 세력의 보루였다. 한인사회당 설립을 주도한 인사들은 1910년 경술국치를 전후한 시기 해외에 망명한 신민회 간부들 가운데 사회주의를 받아들인 사람들이었다. 이동휘李東輝·김립金立·김알렉산드라·유동열柳東說·오영준吳永俊 등이 한인사회당의 중앙위원으로 선임됐다. 한인사회당은 러시아 한인사회 안에 사회주의 사상을 선전하고 조직을 확대하는 일에 종사하는 한편, 반일·반백위파 무장 투쟁에도 착수하였다. 그를 위해 중앙위원회 안에 3개의 집행부서, 즉 조직부·선전부·군사부를 설립했다. 무장부대 편성사업은 군사

__이동휘

부장 유동열의 주관 아래 추진됐는데, 그해 6월 말에 이미 1
백 명으로 이루어진 한인 적위병 부대가 편성됐다. 선전부
장 김립의 주관 아래 한글로 저술된 마르크스주의 서적도 간
행했으며, 서적 간행을 촉진하고자 출판사 보문사普文社도
설립했다. 한인사회당 기관지로 한글 잡지인 《자유종自由鐘》
이 발간됐으며, 하바롭스크에 거주하는 한인 2세들에게 민
족문화와 마르크스주의를 교육하기 위해 한인학교인 문덕文

德중학교가 설립됐다.

1918년 8월 일본과 미국이 시베리아 출병을 단행하자, 그에 힘입은 백위파 세력은 극동 소비에트 정부를 타도하기 위해 하바롭스크 공격에 나섰다. 전투는 백위군의 승리로 끝나 극동 소비에트 정부는 붕괴됐으며, 다수의 공산주의자들과 소비에트 관계자들이 체포됐다. 그 인사들은 백위파의 손에 총살당했는데, 그 가운데 김알렉산드라도 포함되어 있었다. 이러한 급박한 상황에 처한 한인사회당의 주요 간부들은 하바롭스크를 탈출하는 데 성공하였다. 하지만 그곳에 본부를 둔 한인사회당의 정치·군사 활동은 사실상 중단되고 말았다.

1919년 3·1운동이 발발하자 국내외 각처에서 광범하고도 지속적인 대중적 만세 시위운동이 잇달아 일어났다. 이에 한인사회당은 전략·전술을 확정하고 조직을 정비하고자 1919년 4월 25일 블라디보스토크에서 비밀리에 제2차 전당대회를 개최하였다. 이 대회는 종전의 한인사회당과 만주 혼춘현에서 결성된 반일단체 신민단新民團의 통합대회였다. 이 대회 이후 한인사회당은 고조된 한국독립운동 속에서 사회주의 경향을 확산하는 데 큰 구실을 담당하기 시작하였다. 예컨대 한인사회당은 파리강화회의에 독립운동 단체들이 대표단을 파견하는 것을 반대하고 나섰다. 왜냐하면 파리강화회의는 열강이 후진 세계를 재분할하려고 소집한 것이므로, 결코 약소민족의 해방을 보장할 수 없다고 판단했던 것이다. 이러한 견해는 국제 사회주의운동에 대한 협력 방침과 표리를 이루었다. 한인사회당은 코민테른에 참가할 것을 결정하고, 그를 위해 3인의 대표단을 뽑아서 모스크바에 파견하였다. 이때 선정된 사람들이 바로 박진순朴鎭淳·이한영李漢榮·박애朴愛였다. 더욱이 박진순은 한인사회당을 코민테른에 가입시키는 데 성공했으며, 1920년 7월 19일부터 8월 6일까지 열린 코민테른 제2차 대회에 한인사회당 대표로 출석하여 민족·식민지위원회에 참가하는 등 활발히 활동하였다.

1919년 10월 한인사회당은 통합된 상해 대한민국 임시정부에 참여할 것을 결정하였다. 한인사회당의 주요 지도자인 이동휘는 통합된 임시정부의 국무총리로, 김립은 비서장으로 각각 취임하였다. 아울러 한인사회당 중앙위원회는 연해주에서 상해로 이전하였다. 상해에서 한인사회당이 직면한 최대의 문제는 본질상 부르주아 정부인 상해 임시정부 안에서 사회주의자인 자신들이 취할 적절한 정책을 수립·집행하는 것이었다. 한인사회당은 임시정부의 시정방침을 외교

독립 노선에서 벗어나 소비에트 러시아와 제휴한 독립전쟁론으로 이끌고자 힘썼다. 아울러 국내외를 가리지 아니하고 모든 한인 사회주의자들을 자신들의 주도권 아래 통합하려는 노력을 기울이기 시작하였다.

이르쿠츠크파의 기원은 1919년 말에서 1920년 초에 걸쳐 시베리아의 주요 도시 옴스크와 이르쿠츠크에서 현지 러시아공산당 산하에 결성된 한인의 민족별 지부이다. 옴스크에서는 1919년 11월 20일에 이성李成·이괄李括·채성룡蔡成龍·채동순蔡東順 등의 주도 아래 '옴스크공산당 고려족부高麗族部'가 결성됐고, 이르쿠츠크에서는 1920년 1월 22일에 남만춘南萬春·조훈趙勳·김철훈金哲勳 등의 주도 아래 '이르쿠츠크공산당 고려부高麗部'가 조직됐다. 1919년 말부터 1920년 6월까지 시베리아 한인 사회주의운동의 중심은 옴스크공산당 고려족부였다. 이 단체는 옴스크에 소재하는 러시아공산당 시베리아국 산하기관이라는 조직 위상을 갖고 있었기 때문에, 전 시베리아의 한인 사회주의운동을 관할하는 지위에 있었던 것이다. 그런데 1920년 7월 이후 그 중심이 이르쿠츠크로 옮겨가게 되었다. 그때부터 전 시베리아 한인 사회주의운동을 관할하는 기능이 이르쿠츠크의 러시아공산당 시베리아국 동방민족부 산하 고려부로 이전되었다.

1920년 7월에는 이르쿠츠크에서 소비에트 러시아에 있는 한인 사회주의 단체 대표자회의가 열렸다. 6개 단체를 대표하여 12인의 사회주의자들이 참석한 이 대회에서 '전로고려공산당 중앙총회'가 결성됐다. 이 기관은 전체 러시아의 한인 사회주의운동을 지도할 것을 자임하였다. 전로고려공산당 중앙총회는 기관지 《동아공산東亞共産》을 발행했으며, 시베리아에 있는 한인 유격대를 규합해 '고려공산대대'를 결성하였다. 또한 1920년 10월에 옴스크에서 '제1회 전로고려인대의회'를 개최하였다. 이 대회는 재러 한인들의 대표기관을 조직하고자 소집된 것인데, 17개 지방 24개 한인단체를 대표한 52명의 대의원들이 참석하였다.

이 대회에서 '고려인중앙선전의회'라는 명칭의 상설 기관 설립이 결정됐다. 이 단체는 전 조선의 혁명운동에 대한 최고기관으로 자처하였다. '전로고려공산당 중앙총회'는 그들의 주도 아래 통일된 전국적 공산당을 수립할 계획을 세웠다. 러시아에 있는 한인 사회주의자들뿐만 아니라 국내는 말할 것 없이 중국이나 일본 등지에서 활동하는 한인 사회주의자들도 단일한 공산당을 주도적으로 설립하고자 하였다. 단일한 공산당 창립 계획은 1920년 하반기부터 실천에 옮겨졌다. 하지만 이 계획은 같은 시기 상해에 있는 한인사회당에 의해 추진되던 동일한 계획과 충돌하기에 이르렀다.

통일된 고려공산당을 창립하기 위한 한인 사회주의자들의 노력은 대체로 1920년 중엽부터 시작되었다. 이 움직임은 합법적인 활동이 가능했던 해외에서 전개되었는데, 그 과정에서 두 개의 중심이 떠올랐다. 상해의 한인사회당과 이르쿠츠크의 '전로고려공산당 중앙총회'가 그것이다. 재在상해 한인사회당은 통일된 고려공산당의 창립 준비를 원동공산총국 한인부에 위임했다. 그 이유는 초창기 한인 사회주의 단체 대다수가 러시아를 활동 무대로 하여 발전했기 때문이기도 했고, 당 창립 대회를 준비하기에는 상해가 부적당했기 때문이었다.

한인사회당은 1920년 8월 무렵 통일된 고려공산당 결성을 추진할 것을 결의하고, 그를 위해 김립·계봉우桂奉瑀를 러시아에 파견하였다. 이들은 그해 10월 자바이칼주 베르흐네우진스크에서 한인사회당의 대표자로 일찍이 코민테른에 파견된 바 있는 박진순·박애·한형권 등과 함께 통일 고려공산당 결성 문제를 협의하였다. 그들은 극동공화국 수도 치타에 재러시아 한인 사회주의운동을 총괄하는 당기관을 조직하고, 그 기관에게 고려공산당 창립사무를 위임하기로 결정하였다. 이 결정은 그해 12월 치타에서 '러시아공산당 극

동국 한인부'가 결성됨으로써 실현됐다. 한인들에 따라 '원
동공산총국 한인부', 또는 '원동공산당 한인부'라고도 불린
이 단체는 극동공화국 관내의 한인 사회주의운동을 총괄하
는 지위를 갖고 있었다. 원동공산총국 한인부 집행부는 박
애朴愛(책임비서)·계봉우·김진金震·장도정張道政·박창은朴
昌殷 5명으로 이루어졌다. 원동공산총국 한인부는 고려공산
당 창당을 위한 전국대회 소집을 추진하기 시작하였다. 또
한 아무르주 자유시로 집결해 온 북간도와 러시아의 여러 한
인 무장부대를 단일한 대부대로 편성하기 위한 '전한의병대
의회' 소집도 아울러 추진하였다.

  '전로고려공산당 중앙총회'도 통일된 고려공산당 창립을
위해 자신의 대표자를 러시아·중국·조선 각지로 파견하였
다. 이르쿠츠크의 파견원들은 아무르주에서 강력한 지지자
들을 만났다. 1920년 '4월참변'을 피해 아무르주로 이전했
던 대한국민의회 주도 세력들이 그해 9월에 사회주의를 받
아들인다고 선언했던 것이다. 사회주의자를 자처하게 된 대
한국민의회의 주요 간부 22명은 이르쿠츠크의 전로고려공산
당 중앙총회를 지지하고 나섰다. 이후 전로고려공산당 중앙
총회와 대한국민의회의 주도 세력은 동일한 행동을 취하게
되었다.

두 갈래로 추진된 고려공산당 창립 움직임은 각지에서 분쟁을 일으켰다. 아무르주에서는 현지 한인사회당과 대한국민의회 사이에서, 치타에서는 '전로고려공산당 중앙총회'의 전권위원들과 '원동공산총국 한인부' 사이에서, 상해에서는 한인사회당과 그 반대파 사이에서, 반일 무장부대들은 대한의용군 측과 고려혁명군 측 사이에서 각각 복잡한 분쟁이 벌어졌다. 이들 사이의 팽팽한 대립은 1921년 1월 코민테른 극동비서부가 이르쿠츠크에 설립되는 것을 계기로 서서히 바뀌기 시작하였다. '전로고려공산당 중앙총회'가 코민테른 극동비서부 산하의 민족별 지부를 겸하게 된 것이다. 이는 이르쿠츠크파가 코민테른 극동비서부의 정치적 후원을 얻게 됐음을 뜻한다.

이때부터 러시아 안에서 조성된 한인 사회주의자들 사이의 갈등 양상은 크게 바뀌었다. 코민테른 극동비서부의 책임자인 슈미야츠키는 러시아공산당과 코민테른으로부터 '동양혁명의 전권자'로 인정받고 있었으므로, 현지의 러시아 당 및 국가기관의 모든 영향력을 좌우할 수 있는 위치에 있었다. 슈미야츠키의 친이르쿠츠크파, 반상해파적 태도는 한인 사회주의운동의 분열을 조장·격화시켰다. 코민테른 극동비서부의 이러한 조치는, 치타의 원동공산총국 한인부의 거센

저항을 받았다. 원동공산총국 한인부는 3월 1일을 기하여 예정대로 고려공산당 창당대회를 블라고베센스크에서 개최하려 했으나, 이 시도는 성공하지 못하였다. 슈미야츠키는 치타 원동공산총국 한인부의 불복종에 맞서, 그들을 사회주의운동의 일선에서 숙청할 것을 결심하였다. 코민테른 극동비서부는 1921년 4월 말 원동공산총국 한인부 자체를 해산하도록 명령했고, 그 지도자들을 반혁명 혐의로 체포·구금하도록 조치하였다. 그 결과 원동공산총국 한인부 요인들과 그 지지자들은 이르쿠츠크 감옥에 투옥됐다.

통일 고려공산당 창립대회는 코민테른 극동비서부의 후원을 업고 '전로고려공산당 중앙총회'의 주도 아래 소집되기에 이르렀다. 이 대회는 1921년 5월 4일부터 15일까지 이르쿠츠크에서 개최됐다. 러시아·중국·만주·한국 국내의 32개 한인 사회주의 단체를 대표하는 83명의 대의원들이 참석했지만, 이 대표자들이 모두 이르쿠츠크의 '전로고려공산당 중앙총회'를 지지한 것은 아니었다. 대회 참가자들 가운데 일부는 원동공산총국 한인부와 상해에 있는 한인사회당 지지자들이었다. 이 때문에 이르쿠츠크 당대회는 개회 시작부터 대회 주도권을 사이에 두고 파란이 일었다. 이 대회의 정상적인 진행은 15명의 상해파 지지자에게 대의원 자격을 박

상해파 고려공산당원들
(앞줄 오른쪽부터 김립·박진순·이동휘, 뒷줄 왼쪽부터 김철수·계봉우)

탈한 뒤에야 가능하였다. 대회에서는 강령과 규약을 비롯해
정치 문제에 관한 여러 결정서들이 채택됐고, 11명의 중앙
위원도 선출됐다. 한명세韓明世(책임비서)를 필두로 하여 김
만겸金萬謙·안병찬安秉瓚·남만춘南萬春·김철훈金哲勳·서초
徐超·장건상張建相·이성李成 등이 그에 포함되어 있었다. 이
때 1921년 6월 22일부터 7월 12일까지 개최되는 코민테른

제3차 대회에 참가할 대표자 5인과 국제공산청년동맹에 파견될 대표단도 선출됐다.

그러나 상해 한인사회당은 이르쿠츠크의 고려공산당 창립대회를 승인하지 않았다. 그들의 견해에 따르면 이르쿠츠크 대회는 강압적 조건에서 진행된 것으로, 진정한 공산당 창립대회로 볼 수 없다는 것이었다. 한인사회당은 독자적인 고려공산당 창립대회를 별도로 강행하기로 하였다. 한인사회당이 소집한 '고려공산당대표회'는 상해 프랑스 조계 안에서 1921년 5월 20일부터 23일까지 열렸다. 이 대회에는 국내에서 결성된 사회주의 비밀결사 사회혁명당 대표를 비롯해 중국 관내와 만주의 한인 사회주의 단체 대표자 30여 명이 참석하였다. 이 대회에서는 조선혁명의 강령과 전술, 조직에 관한 문제들을 검토·결의하였다. 또한 대회 참가자들은 전 조선의 사회주의운동을 지도할 최고기관인 고려공산당이 성립되었음을 선포하고, 그 중앙집행기관을 조직하였다. 대회에서 선출된 중앙위원은 13명이었는데, 이동휘(위원장)·김립·김철수金錣洙·최팔용崔八鏞·이봉수李鳳洙·장덕수張德秀·홍도洪濤·주종건朱鍾建·김하구金河球·박진순·한형권·김규면金奎冕·이용李鏞 등이었다. 이때 코민테른과 연락을 위해 이동휘·박진순·홍도 등 세 사람의 전권 대표단을 선정하였고, 이들은 대회가 끝나자마자 곧 모스크바로 출발하였다.

두 고려공산당 분쟁의 배후에는, 조선혁명의 성격과 운동론에 관한 뿌리 깊은 이견이 자리잡고 있었다. 이르쿠츠크파 고려공산당은 일본 제국주의의 식민통치로부터 조선을 해방시킴과 동시에, 사회주의에 입각한 사회를 건설할 것을 제시하였다. 이들의 생각으로 민족해방이라는 과제는 사회주의혁명과 동시에 수행하는 것이었다. 이들이 제시한 경제정책과 농업정책은 봉건적, 부르주아적 착취 형태를 일소하는 데 있었으며, 그것은 사회주의 혁명관에 걸맞은 것이었다. 또한 이르쿠츠크파 고려공산당은 국가건설 문제에서도 프롤레타리아독재론을 견지하였다. 이들은 대한제국의 부활을 꿈꾸는 독립운동 진영 안의 복벽론을 분명하게 반대했음은 말할 것 없고, 부르주아민주주의 공화국 건설론에 대해서도 반대를 표명하였다. 미국을 모델로 하는 부르주아민주주의 국가는 노동자·농민에게 결코 완전한 자유를 주지 않으며, 근로 대중의 빈곤은 여전히 온존된다는 것이다. 결국 이르쿠츠크파 고려공산당은 사회주의혁명론에 바탕을 둔 소비에트 건설론에 공감하는 모든 초창기 사회주의자들을 결집했다.

상해파 고려공산당도 사회주의 사회의 건설을 궁극적 목표로 설정하고 있었다. 그러나 그들은 이르쿠츠크파와 달리, 최고강령과 최저강령을 구분하고 있었다. 상해파 공산당은 사회주의혁명에 선행하여 민족해방혁명을 수행할 것이며, 그것은 곧 프롤레타리아독재 수립으로 성장·전화할 것이라는 관념을 갖고 있었다. 이것은 조선이 당면한 혁명의 성질을 사회주의혁명으로 여기고 있었던 이르쿠츠크파의 혁명이론과는 명백히 다른 것이었다.

두 고려공산당은 민족주의 세력에 대한 사회주의자들의 태도를 규정하는 전술 문제를 둘러싸고 대립하였다. 상해파 고려공산당은 민족혁명단체에 대한 통일전선정책을 취하고 있었다. 이 정책의 배경에는 식민지 조선에서 사회 구성원의 계급적 분열과 계급의식이 그다지 진전되어 있지 않다는 생각이 전제되어 있었다. 그들은 식민지 조건에 처해 있는 한국인들이 총체적으로 무산자 계급을 구성하고 있기 때문에, 광범한 민족적 통일기관을 창출하는 것은 공산주의 이상과 모순되지 않는다고 인식하였다. 상해파의 통일전선 정책은 종교문제에 대한 정책에도 반영되어 있었다. 상해파 고려공산당의 강령은 당시 대다수 조선 민족주의자들이 기독교·천도교·대종교 등의 종교단체와 깊은 관련을 갖고 있었음을 고려하여, 종교 신자들의 반감을 사지 않도록 유연한 방식으로 반종교 운동을 추진해야 한다고 결정하였다. 이와 달리, 이르쿠츠크파 공산당은 조선에서도 계급적 분화는 다른 나라들과 마찬가지로 진행되고 있으며, 따라서 한국의 부르주아지는 한국의 프롤레타리아에게 적대적인 세력이 된다고 인식하였다.

두 고려공산당의 정책 차이는 상해 임시정부에 대한 정책에 잘 반영됐다. 상해파가 상해 임시정부를 지지하고 그에 참가한 것은 민족통일전선 정책의 산물이었다. 그러나 이르쿠츠크파 공산주의자들은 일관되게 상해 임시정부에 대해 반대 태도를 취하였다. 그 이유로는 상해 임시정부가 부르주아민주주의 유형의 국가라는 점, 임시정부가 부르주아지 및 구래의 관료 지배층 중심으로 구성되었다는 점, 임시정부의 정책이 제국주의 국가에 의존적이라는 점 등이 거론되었다.

초기 사회주의운동을 괴롭혔던 상해파와 이르쿠츠크파 사이의 분쟁은, 자금·권력·군권을 둘러싼 단순한 패권 다툼이 아니라 혁명운동의 방법과 정책을 둘러싼 노선상 대립의 표현이었던 것이다. 두 고려공산당이 자금과 권력·군권을 놓고 다툰 것은 내분의 결과적 현상이지 그 진정한 본질을 구성하지는 않는다. 양자의 대립은 정치적 이념을 통일하고, 그것을 중심으로 정치적 영향력을 확대할 때 비로소 해소될 수 있는 성질의 것이었다. 결국 상해파 고려공산당은 이동휘 계열의 공산주의운동 조직으로, 사회주의 사회 건설을 궁극적 목표로 설정하였지만 계급혁명보다 민족혁명이 우선하는 강한 민족주의적 성향을 갖고 있었다. 이에 견주어 이르쿠츠크파 고려공산당은 노농계급의 주도 아래 사회혁명으로 계급문제와 민족문제를 동시에 해결하려는 교조주의적 성향을 보였다.

의열단은 암살·파괴·폭동을 통한 민중직접혁명으로 민족문제를 해결하려는 특성이 있었다. 즉, 암살·파괴 활동을 전개함으로써 국내 동포들의 독립정신을 환기시키고, 나아가 이를 통하여 민중혁명을 촉발함으로써 민족해방과 조국독립을 달성하고자 한 것이다. 따라서 고려공산당과 의열단의 투쟁노선은 차이가 있었다. 그런데 김지섭과 김시현·윤자영, 그리고 김응섭 네 사람은 모두 고려공산당원이었다. 하지만 구체적인 투쟁방략은 달랐다. 김지섭을 비롯한 김시현·윤자영이 의열투쟁 노선을 견지한 것과 달리 김응섭은 노농혁명 노선에 가까웠는데, 이런 점이 중국에서 김지섭과 김응섭이 같은 배를 탈 수 없었던 이유가 아닐까 한다.

11

김지섭과 의열단

　1922년 여름, 김지섭은 김원봉이 조직한 의열투쟁 단체인 의열단에 가입하였다. 김원봉은 3·1운동의 대중화 과정에서 죽음을 무릅쓰고 독립 만세시위를 전개한 민중들의 혁명적 모습을 보고 크게 감동하였다. 그는 의열투쟁 단체를 조직하여 암살·파괴투쟁을 전개함으로써 국내 동포들의 독립 정신을 환기시키고, 나아가 이를 통하여 민중혁명을 촉발해 민족독립과 조국 광복을 달성하고자 하였다.

　이 같은 구상 아래 김원봉은 1919년 11월 윤세주尹世胄·이성우李成宇·곽경郭敬(곽재기)·이종암李鍾岩·강세우姜世宇·한봉근韓鳳根·한봉인韓鳳仁·김상윤金相潤·신철휴申喆休·배동선裵東宣·서상락徐相洛 등의 동지들과 길림성 파호문巴虎門 밖 중국인 반潘씨 집에 모여 의열단을 발족시켰다. 여기서 김원봉과 동지들은 조국 광복과 민족독립에 헌신할 것을

___김원봉

맹세하면서 다음과 같은 〈의열단 공약 10조〉를 결의하였다.

① 천하의 정의正義의 사事를 맹렬히 실천하기로 함

② 조선의 독립과 세계의 평등을 위하여 신명을 희생하기
　로 함

③ 충의의 기백과 희생의 정신이 확고한 자라야 단원이 됨

④ 단의團義를 앞세우고 단원의 의義를 급히 함

⑤ 의백義伯 1인을 선출하여 단체를 대표함

⑥ 하시하지何時何地에서나 매월 한 차례씩 사정을 보고함

⑦ 하시하지에서나 초회招會에 필응必應함

⑧ 피사避死치 아니하며 단의에 진盡함

⑨ 하나가 아홉을 위하여, 아홉이 하나를 위하여 헌신함

⑩ 단의를 배반하는 자는 처살處殺함

이 같은 공약을 결정하여 동지적 결합과 조국 독립, 세계 평등에 대한 열정을 확인한 이들은 김원봉을 의열단의 의백, 즉 단장으로 추대하였다. 아울러 이들은 ①조선 총독 이하 고관 ②군부 수뇌 ③대만 총독 ④매국적賣國賊 ⑤친일파 거두 ⑥적탐敵探(밀정) ⑦반민족적 토호열신土豪劣紳(불량한 양반지주) 등을 의열단의 '7가살七可殺'로 규정함으로써 구체적인 암살 대상을 결정하였다. 그리고 파괴 대상은 ①조선총독부 ②동양척식주식회사 ③매일신보사 ④각 경찰서 ⑤기타 왜적의 중요기관 등 일제 식민통치 및 수탈기관으로 하였다. '7가살'과 '5파괴'를 타격 대상으로 확정한 의열단은 곧 본부를 북경으로 옮겼고, 동시 다발적인 제1차 암살·파괴 활동을 계획해 실천하여 갔다.

의열단은 1920년 3월부터 곽재기(곽경)·이성우·신철휴·

윤세주 등 핵심 단원들을 행동대원으로 국내에 잠입시켰다.
이어 상해에서 폭탄과 권총을 구입해 소포와 화물편으로 국
내로 운반, 경남 밀양의 김병환金餠煥 집에 숨겨 놓았다가
적당한 시기에 일제 식민통치 최고기관인 조선총독부, 식민
수탈기관인 동양척식주식회사, 식민통치 선전 및 홍보기관
인 경성일보사 등 세 곳을 폭파하려고 하였다. 하지만 마지
막 실행 단계에서 비밀이 누설되어 6월 16일에 곽재기·이
성우·신철휴·윤세주 등이 서울 인사동에서 체포되었고, 이
어 26명의 관련자가 모두 잡힘으로써 의열단이 계획한 최초
의 암살·파괴 활동은 실패하고 말았다. 그러나 의열단은 이
에 굴하지 않고 같은 해 9월 14일 박재혁朴載赫을 파견하여
부산경찰서를 폭파하였고, 또 12월 27일에는 최수봉崔壽鳳
으로 하여금 밀양경찰서를 폭파하게 하는 등 연쇄적으로 일
제 식민통치 기관을 공격하였다.

　1921년에는 더욱 대담하게 일제 식민통치 심장부인 조선
총독부 폭파 계획을 꾸미고 있었다. 김익상이 의열단 단장
인 김원봉을 북경에서 만나게 된 것은 바로 이즈음이었다.
"조선의 독립은 2천만 민족의 10분의 8이상이 피를 흘리지
않으면 안 된다. 우리는 이때에 선두에 나아가 희생됨이 마
땅하다"는 김원봉의 말을 듣고 김익상은 크게 깨달은 바가

__ 김지섭(앞줄 가운데)과 동지들

있었다. 그래서 그는 의열단에 가입한 뒤 총독부 폭파 계획
을 세우고 있는 것을 알게 되자, 우리보다 내가 먼저 피를

흘리자고 생각하여 조선총독부 폭파 임무를 자원하였다.

　김익상은 1921년 9월 9일에 김원봉에게 러시아 블라디보스토크에서 입수한 폭탄 2개와 권총 2정을 건네받고, 바로 조선총독부 폭파 의거를 결행하기 위해 나섰다. 일제의 경계가 삼엄하여 일본인으로 변장한 김익상은 양복 속에 폭탄과 권총을 감추고 9월 10일 북경을 떠나 11일 서울에 도착하였다. 이때도 그는 일경의 눈을 속이고자 아이를 데리고 가는 일본 여자와 이런 말 저런 말을 하면서 부부처럼 행동하는 기지를 발휘하여 기차 안에서 검문을 피했다. 또 폭탄과 권총을 몸에 지니고 있어 여러 가지로 행동이 불편했지만, 남대문 역에서도 동행하던 일본 여자의 남편처럼 행동하면서 3살짜리 아이를 안고 무사히 나올 수 있었다.

　서울에 도착한 뒤 김익상은 고양군 한지면漢芝面 이태원梨泰院에 살던 아우 준상俊相의 집을 찾아가 하루를 묵었다. 이날 밤 아우와 3살짜리 딸을 데리고 살던 부인 송씨에게 "조선독립을 위하여 명일 총독부에 폭발탄을 던질 터이다"라고 의거 계획을 알려주며 마음의 준비를 시켰다. 다음 날 아침 그는 일본인 전기 수리공 차림으로 남산 왜성대倭城臺에 있던 조선총독부 청사로 갔다.

　김익상은 9월 12일 오전 10시 20분 무렵 전기를 수리하러

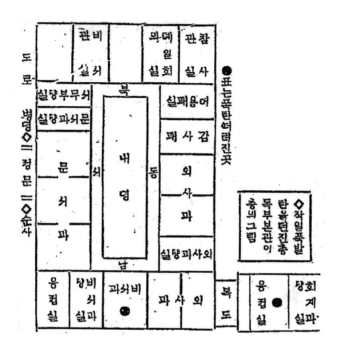

조선총독부 폭파 의거 현장 요도(동아일보 1921년 9월 13일자)

온 것처럼 행동하며 대담하게 조선총독부 청사로 들어가,
먼저 2층에 있는 비서과秘書課에 폭탄을 던지고 이어 회계
과會計課 응접실에 폭탄을 던졌다. 비서과에 던진 폭탄은 폭
발하지 않았으나 회계과 응접실에 던진 폭탄은 일시에 굉음
을 내며 폭발하였고, 여러 명의 일본 헌병들이 놀라 뛰어 올

라왔다. 김익상은 이들에게 "2층으로 올라가면 위태하다"는 말을 남기고 유유히 조선총독부 청사를 빠져 나왔다.

당시 회계과 응접실은 김익상이 던진 폭탄의 위력으로 15 센티미터나 되는 깊이로 마룻바닥이 파였다. 파편은 벽과 아래층으로 튀어 응접용 탁자가 부서지고, 유리창이 깨지는 등 여러 개의 책상과 걸상이 파손되었다. 폭발소리에 놀란 순사와 관리들이 우왕좌왕하는 등 청사 안은 온통 아수라장이 되었다. 더 중요한 것은 일본 헌병과 경찰의 물샐틈없는 경비가 한순간에 뚫려 식민통치 심장부인 조선총독부가 공격당한 사실이었다. 이로써 일제가 3·1운동 이후 이른바 '문화통치'를 펴 식민통치체제가 안정되어 가고, 더 나아가 식민통치에 대한 한국인들의 반감이 수그러지고 있다는 선전이 허황된 사실이라는 것이 만천하에 드러났다. 이로부터 일제는 의열단이라는 이름만 들어도 두려워 몸서리치게 되었던 것이다.

그러다가 1921년 11월부터 미국 워싱턴에서 태평양회의가 열리자 당시 독립운동가들은 혹시 독립할 수 있지 않을까 하고 크게 기대하였다. 그리하여 임시정부를 비롯한 독립운동 단체들은 총력을 기울여 외교운동을 전개하였다. 그러나 일제의 영향력으로 조선의 독립문제는 의제로 상정되지도

황포탄 의거가 일어난 상해부두(동아일보 1922년 3월 31일자)

못한 채 아무런 성과 없이 1922년 2월 6일 태평양회의가 끝
났고, 민족적 좌절감은 더욱 팽배해지고 있었다.

이에 의열단은 다시 1922년 3월 28일, 상해 황포탄黃浦
灘 세관부두에서 일본 육군대장 다나카 기이치田中義一를 저
격하여 처단하는 의거를 결행하였다. 다나카는 조슈長州 군
벌의 후계자로 일제 군부의 거물이며, 평소 대외 침략정책
을 강력히 주장하는 침략주의자였기 때문이다. 더욱이 그는
1920년 10월 조선군사령부 휘하의 일본군이 '훈춘사건'을
조작하고, 그것을 빌미로 간도를 침공하여 수많은 재만 동
포들을 학살한 경신참변을 자행했을 당시의 육군대신으로,
이른바 '간도지방불령선인초토계획'의 전체 구상과 작전 계

획을 수립하고 총지휘한 인물이었다.

그런데 문제가 생겼다. 김익상은 말할 것 없이 오성륜과 이종암도 서로 다나카 처단 의거를 결행하겠다고 나선 것이다. 그래서 김원봉과 협의 끝에 '명사수'로 알려진 오성륜이 제1선에서, 그리고 김익상이 제2선에서, 마지막으로 이종암이 제3선에서 순차적으로 권총과 폭탄으로 다나카를 응징하기로 결정하였다.

드디어 3월 28일 오후 3시 30분, 상해 황포탄 세관부두에서 오성륜이 먼저 다나카에게 권총으로 2발의 총탄을 발사하였으나 앞서 나오던 미국인 스나이더 부인이 맞고 말았다. 이에 다나카가 대기 중인 자동차로 황급히 도망치자 두 번째로 김익상이 권총으로 2발의 총탄을 발사하였다. 하지만 역시 다나카를 명중시키지 못하고 탄환이 모자만 꿰뚫고 지나갔다. 김익상은 다시 소지하고 있던 폭탄을 다나카에게 던졌다. 그러나 이번에는 폭탄이 터지지 않았다. 마지막으로 이종암이 다나카가 탄 자동차에 폭탄을 던졌으나 이마저도 바로 폭발하지 않았고, 영국 군인이 폭탄을 발로 차서 강물 속에 넣어 버리는 바람에 실패하고 말았다.

의거 직후 오성륜은 현장에서 체포되었고, 김익상도 추격하던 영국 경찰 톰슨이 쏜 총탄에 손발을 맞아 중국 순경에

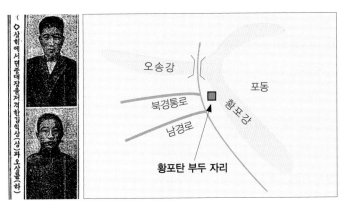

김익상·오성륜과 황포탄 의거 지점 약도

게 붙잡히고 말았다. 오성륜과 김익상이 체포되면서 경찰의 주의를 분산시켜 이종암만 안전하게 피신할 수 있었다. 피신 중에 벌어졌던 일화는 의열투쟁이 어떤 것인가를 상징적으로 보여준다.

김익상은 피신하려는데 중국 순경이 달려들자 그에게 총탄을 발사하였지만, 그를 향한 것이 아니라 하늘을 향해 발사하였던 것이다. 그 이유를 김익상은 재판정에서 "우리에게 아무 관계도 없는 중국인을 죽일 필요는 없고 오직 위협을 하기 위하여 쏜 것이오. 하늘을 향해 쏘았던 것은 사실"이라고 하면서, 그때 총 쏜 흉내를 내며 웃었다고 한다. 하지만 재판장이 "오성륜의 탄환이 다나카 대장에게 맞았으면 그대는 폭탄을 던지지 아니할 생각이었느냐고 물으매, 아니오, 탄환이 맞더라도 나는 내 폭탄을 다나카에게 던지려고 작정하였소"라고 대답하였다.

나아가 오성륜과 김익상이 쏜 총탄에 십자를 새긴 사연도 그렇다. "거사 전에 약산若山(김원봉)은 다나카를 맞춘 탄환이 다시 그 몸을 꿰뚫고 나가 다른 죄 없는 사람을 상할까 저어하여, 이날 동지들이 사용할 탄환에는 모두 칼끝으로 십자를 아로새기도록 했다"는 것이다. 이 같은 사례는 한국인이 펼친 의열투쟁의 특징과 성격을 잘 나타내고 있다. 침략자에 대해서는 가차 없이 엄격하고, 선량한 시민들에게는 한없이 관대한 것이 바로 의열투쟁이다. 침략자와 일반 시민들을 엄격하게 구별하여, 침략자에 대해서는 엄정한 응징을 가하지만 무고한 양민들에게는 피해가 가지 않도록 세심하게 배려했던 것이다.

다나카 처단 의거 직후 의열단은 국내에서 제2차 대규모 암살·파괴 투쟁을 계획하였다. 태평양회의 이후 고조된 민족 패배주의를 떨쳐버리고, 독립 투쟁 의지를 높이기 위한 것이다. 의열단은 조선총독부·동양척식주식회사·조선은행·경성우편국·경성전기회사, 그리고 경부선·경의선·경원선 등 주요 철도를 파괴 대상으로 결정하였다. 아울러 조선총독

사이토齋藤實 · 정무총감 미즈노水野錬太郎 · 경무총감 마루야마 丸山鶴吉, 그리고 일제 앞잡이 가운데 유력한 자들을 암살 대상으로 삼았다.

그런 다음 폭탄 제조 기술자로 몽골에 와 있던 헝가리인 마자르를 상해로 초빙하여 고성능 폭탄을 제조케 하였다. 이렇게 하여 거사에 사용할 암살용 · 파괴용 · 방화용 폭탄을 마련하고, 다른 한편으로는 국내에서 암살 · 파괴 작전을 맡아 줄 동지를 찾고 있었다. 바로 이런 시기에 김지섭을 비롯한 김시현 · 장건상 등이 의열단에 가입한 것이다.

12

제2차 대규모 암살·파괴 활동에
참여하다

　의열단에 가입한 김지섭은 곧 제2차 대규모 암살·파괴 활
동에 참여하였다. 당시 의열단의 암살·파괴 공작은 두 갈래
로 진행되었다. 하나는 김한金翰을 중심으로 하는 것이었고,
다른 하나는 김시현·유석현劉錫鉉을 중심으로 하는 계획이
었다. 먼저 김한 중심의 공작을 살펴보자. 김한은 조선청년
회연합회 집행위원으로 서울청년회를 주도하고 있던 인물
이었다. 그가 국내 공작 책임자로 선정된 것은 3·1운동 직
후 장춘에서 만나 서로 잘 알고 있던 김원봉의 추천에 의한
것이다. 그리고 남정각이 국내에 있는 김한과 연락 책임자
로 결정되었다. 그것은 남정각 또한 김원봉과 함께 장춘에
서 김한을 만난 적이 있어 세 사람이 서로 신뢰할 수 있었기
때문이다. 남정각은 1922년 6월 천진 프랑스 조계에 소재한

信任狀

右人을本團特派員으로定함

金祉燮

四千二百五十六年十月　日

義烈團機密部

김지섭에 대한 의열단 신임장(1923)

화잔여관和棧旅館에서 김원봉을 만났고, 김한의 거사 의지를 타진해 보도록 요청받았다. 이에 따라 남정각은 그달 그믐 국내에 잠입하여 서울 수창동에서 김한을 만나 의열단의 대규모 암살·파괴 계획을 설명하고, 동참을 부탁하였다.

김한은 거사 계획에 적극 찬성하면서 폭탄을 중국 단동까지만 운반해 주면 동지들을 시켜 국내로 반입한 뒤, 조선총독부·조선은행·경성전기회사·동양척식주식회사 등에 투척하겠다고 하였다. 이 같은 김한의 거사 의지를 확인한 남정각은 즉시 귀환하여 상해 영국 조계에 있는 신여사新旅社에서 김원봉을 다시 만나 김한의 의중을 전달하였다. 이에 김원봉은 남정각에게 거사 자금으로 2천 원을 주면서 김한에게 전달할 것을 부탁하였다.

1922년 8월, 남정각은 다시 국내로 잠입하여 김한을 만나 거사 자금을 전달하는 한편, 구체적인 폭탄 반입과 투탄 계획을 확정하였다. 이때 남정각은 상해에서 폭탄을 안전하고 원활하게 운반하려면 중계 거점이 필요하다고 주장하고, 자신이 중국 단동으로 건너가 약종상을 가장하고 중계 거점을 마련하겠다고 하였다. 하지만 남정각은 중국 단동에서 적당한 중계 거점을 확보할 수 없었다. 때문에 남정각은 곧바로 귀국하여 김한에게 그 동안의 경과를 통보한 뒤, 천진을 거쳐 다시 상해로 가 김원봉과 폭탄 전달 문제를 협의하면서 때를 기다렸다.

그러다가 그해 10월 20일 김원봉이 남정각을 찾아와 폭탄을 전달할 준비가 끝났다고 하면서, 국내로 들어가 직접 폭탄을 투척할 의사가 있느냐고 물었다. 이에 남정각은 흔쾌히 승낙하면서 결행 의지를 밝히고, 김원봉으로부터 폭탄 투척방법을 배워 여러 차례 연습까지 마쳤다. 그런 다음 남정각은 같은 해 12월 28일 동지 이현준李賢俊과 함께 서울에 도착하여 운니동의 박완명朴完明 집에 머물면서 폭탄이 도착하기를 기다렸다.

바로 그때 의열단 동지인 김상옥金相玉 의거가 발생하였던 것이다. 김상옥은 1923년 1월 12일 종로경찰서에 폭탄을 던진 뒤 10여 일 동안 신출귀몰하게 총격전을 전개하면서 일경 여러 명을 응징하는 성과를 거두고, 자신 또한 마지막 남은 한 발의 총탄으로 장렬하게 자결하였다. 이 의거로 일경의 감시와 경계가 한층 강화됨에 따라 폭탄 운송이 어렵게 되었을 뿐만 아니라, 국내에서 암살·파괴 책임자로 활동하던 김한마저 이 의거에 연루되어 체포되고 말았다. 따라서 김한을 중심으로 하는 국내의 암살·파괴 공작은 실패할 수밖에 없었다.

김시현과 유석현 등을 중심으로 진행되던 대규모 암살·파괴 공작에는 1922년 여름 의열단에 가입한 김지섭이 깊게 관여하고 있었다. 그러한 사정은 김지섭의 〈예심종결결정〉에 잘 드러나고 있다.

의열단 사건을 보도한 기사(동아일보 1923년 4월 12일자)

(김시현은) 조선혁명의 목적을 달성하자고 모의하고 그 실행 준비를 위하여 동년(1922) 7월 무렵 경성에 돌아와 피고인 김지섭과 함께 미리 친교가 있는 동지인 경기도 경찰부에 근무하는 경부 황옥黃鈺과 기타 동지의 찬동을 얻어 서서히 주위의 정황을 엿보고 있을 때, 동년 8월에 의열단원 이현준이 상해로부터 폭탄을 수송할 터이니 그에 대한 준비가 필요하다는 장건상과 의열단 수령 김원봉의 사명을 가지고 왔다. 이에 피고인 김지섭은 안으로는 조선에 있는 김시현·황옥·이현준·유석현 등과 모의하고, 밖으로는 상해의 김원봉·장건상 등과 기맥을 통하여 선내에 폭탄을 반입하여, 일거에 총독부를 비롯하여 경성 내의 경찰서·경찰부·재판소·동양척식회사와 총독부 기관신문인 매일신보사 등을 파괴하고, 또 총독부 기타 요로 대관大官의 암살을 위하여 우선 그것을 준비하기로 하였다. 그리고 폭탄을 반입할 때, 가장 발각의 우려가 있는 신의주와 국경 안동현에 중계소를 설치할 필요가 있다고 하여, 동년(1922) 10월 무렵 동지 가운데 한 사람인 고려공산당원 홍종우洪鍾祐를 조선일보 안동지국장으로 주선하여 그 집을 숙박소로 삼아 내외 동지 왕래의 편의를 꾀하였다.

이어 대정 12년(1923) 1~2월 중 김시현·김지섭·황옥·

유석현 등이 서로 전후하여 천진에 와서 당시 천진 불조계의 중국 여관에 머물던 김원봉·이현준 등과 회견하며 폭탄 수송의 절차를 협의하고, 다음 달인 3월 초순 김시현·황옥 등은 그 중국 여관에서 김원봉으로부터 폭발 기능이 완비된 대형폭탄 6개·소형폭탄 30개를 받아, 대형폭탄 3개는 동월(3월) 3일 무렵 이현준 외 1명으로 하여금 안동현 홍종우 집에 운반하게 하고 그 나머지는 동월(3월) 7일 무렵 김시현·황옥·유석현 등이 안동현으로 갖고 가서, 대형폭탄 3개는 동월(3월) 9일 신의주에서 부른 기생 2명이 귀환하는 편으로 신의주 백영무白英武 집에 반입하고, 소형폭탄 20개 기타는 다음날 10일 황옥이 경관이라고 하여 신의주로 휴대하여 가져온 다음에 경성으로 반입하였으나, 미처 그 폭탄을 사용하지 못하고 일이 발각되었다.

이처럼 김지섭은 김시현·유석현과 함께 국내 암살·파괴 공작을 펼쳤다. 하지만 마지막 단계에서 밀정의 밀고로 발각되어 1923년 3월 15일 김시현·유석현 등 주동자들이 일제히 체포됨에 따라 실패하고 말았다.

김지섭과 동지들은 이 같은 국내 암살·파괴 공작을 하면서, 동시에 군자금 모금도 추진하였다. 군자금 모금 활동은

_김지섭에 대한 예심종결 결정서

김지섭이 주도한 것으로 보인다. 그러한 사정도 김지섭의
〈예심종결결정〉에 잘 나타나 있다.

피고 김지섭은 전기前記와 같이 동지와 협력하여 조선 안에 폭탄을 반입하여 그를 사용함으로써 경성 안의 각 관공서를 폭파하고 요로의 대관을 살상하여 조선독립운동의 기세를 앙양하려고 획책하고, 그 실행 비용이 궁한 결과 재산이 있는 조선인에게 그 자금을 강제로 얻으려고 기도하였다. 그리하여 대정 11년(1922) 12월 20일 무렵 경성부 소격동 신모申某 집에서 전기前記 유석현에게 그 뜻을 알려 동인同人을 통하여 윤병구尹炳球를 가담시켜 동월(12월) 23일 오전 9시 무렵 그 두 사람(유석현·윤병구)을 동반하고 경성부 무교정 조선총독부 판사 백윤화白允和 집에 가서 동인과 동인의 실부 백운영白運永에 대하여 소지한 권총을 들이대며 '우리 동지는 신명을 바쳐 조선독립운동에 종사하는 자인데, 그 자금으로 5만 원을 제공하라'고 협박하고, 동인 등이 조달 불능의 뜻을 말하자 다시 권총을 들이대며 '그러면 1만 원을 제공하라. 만약 응하지 아니하면 최후의 수단에 호소할 것이다'고 양언揚言하고, 흡사 즉시 사살할 것 같은 기세를 보여 동인 등을 두렵게 하여 드디어 현금 2천 원을 당일 경성지방법원에서 백판사의 손으로 교부할 뜻을 응낙 받았다. 그러나 동인 등이 그 약속을 이행하지 아니 하므로 피고인 김지섭은 다시 동월(12월) 24일 백윤화에 대하여 우리 동지의 요구에 응하지 않으면 너희들 부자를 모두 살해할 뜻의 협박문을 보내고, 다음날 25일 윤병구가 그 돈을 요구하기 위하여 백씨의 집에 갔으나 그 장소에서 체포되어 결국 강취強取의 목적을 달성하지 못했다.

이처럼 김지섭은 의열단에 가입한 이후 두 차례 의열투쟁을 시도하였다. 하나는 국내에서 대규모 암살·파괴 공작이고, 다른 하나는 공작 자금으로 사용하기 위한 군자금 모금 활동이었다. 하지만 모두 실패하고 동지들만 체포되고 말았던 것이다.

게다가 1923년 9월 1일 관동대지진이 발생하여 민심이 극도로 흉흉해지자 일제는 그 돌파구로 재일동포들을 희생양으로 삼았다. 일제는 이 재난을 틈타 한인들이 우물에 독극물을 살포하고 폭동을 일으켜 일본인들을 학살하려 한다는 유언비어를 날조하여 유포하였다. 이렇게 되자 일본인들이 한인들을 무차별 폭행하고 학살하는 만행을 저질러 6천 여 명의 재일동포들이 희생되는 참극이 벌어졌다. 의열단 지도부와 김지섭은 이 같은 일제의 만행을 심판하고, 연이은 대규모 암살·파괴 활동의 실패를 만회할 계획을 추진하였는데, 그것이 바로 '이중교 투탄' 의거였다.

13

투탄 의거를 결심하다

이중교 투탄 의거의 동기와 목적은 자료에 따라 사뭇 다르게 나타나 있다. 우선 김지섭 〈예심종결결정〉에는 다음과 같이 기술되어 있다.

피고인 김지섭은 전기前記와 같이 동지와 협력하여 조선 내에 폭탄을 수입하였으나 미처 실행하기 전에 일이 밝각되어 그 계획이 수포가 되었음을 유감으로 생각하였다. 이에 다시 거사를 계획하여 대정 12년(1923) 10월 무렵부터 동년 12월 초순에 이르는 기간에 상해 불조계 영길리 50호 자택에서 의열단원 피고인 윤자영尹滋英과 김옥金鈺 외 수명이 모여 종종 모의한 결과, 조선 내지보다 차라리 일본 도쿄에서 실행함이 첩경이라 생각하였다. 그리하여 의열단 기밀부로부터 비밀리에 단원을 동경에 파견하여 제국의회 개회 중

金義士의爆彈聲에
落膽致死한倭兵
心驚이냐?의이냐?

金義士金祉燮氏는上海에서ᄯᅥ날때...

김지섭 의거를 보도한 기사(독립신문 1924년 2월 2일자)

에 의원 안에 폭탄을 투척하여 요로의 대관을 암살하고, 또 제국의 치안을 방해함으로써 조선독립의 기운을 촉진하기로 정하고 피고인 김지섭은 스스로 나아가 단신 그 책임을 맡겠다고 제언하고 수령 김원봉의 찬동을 얻었다.

이를테면 의거 동기는 국내의 대규모 암살·파괴 공작이 실패한 것에 대한 유감으로, 또 그 목적은 제국의회에 투탄하여 요로의 대관을 암살하기 위한 것으로 이해하였다. 그러나 의거 직후 보도된 임시정부의 기관지《독립신문》1924년 2월 2일자에는 이와 다르게 전하고 있다. 그 내용을 보면 다음과 같다.

김의사 지섭씨는 상해에서 떠날 때에 그 동지에게 이와 같이 말하였다. 나는 이번에 동경에 건너가서는 피彼(일본) 5천만 인이 신神이 소거所居하는 곳이라 하는 궁성을 파괴 하겠다. 이는 이전에 우리에게 행한 종종 부도不道의 행동 에 대한 보복은 그만두고라도, 작추昨秋 적지에서 진재震災 가 있을 때에 왜노倭奴가 무고히 참살한 기천幾千의 아我 동 포同胞의 영혼을 위로하며 그 원수를 보복하기 위하여 저 왜 노가 가장 신성하다 하는 궁성을 파괴할 것이요, 궁성을 파 괴치 못하면 저 민중의 대표기관이라고 칭하는 국회를 파괴 하려고 생각하노라.

《독립신문》은 의거 동기를 관동대지진 당시 일제에게 학 살된 동포들의 영혼을 위로하고 그 원수를 갚기 위한 것으로 보도하였다. 나아가 목적은 일본인들이 신성시하는 궁성을 파괴하고, 그렇지 못하면 그들의 대표 기관인 국회를 파괴 하기 위한 것이라고 김지섭의 말을 인용하여 전하고 있다.

예심종결 결정 직후 보도 통제가 풀리면서 이 사건을 국내 에 일제히 보도한 《조선일보》와 《동아일보》는 그 동기와 목 적을 다음과 같이 전하였다. 우선 《조선일보》 1924년 4월 24일자 호외 기사를 보자.

김지섭의 이중교 투탄 의거 기사(조선일보 1924년 4월 24일자 호외)

이때(의열단 제2차 암살·파괴 공작 발각 직후)에 김지섭은 김
원봉·장건상과 함께 도망하여 상해로 가서 이 일이 틀려버
린 것을 분히 여기며 '차라리 일본 동경으로 가서 이 일을
할 것이라'하고 있던 중, 마침 작년(1923) 9월 1일 동경진재
당시에 조선인이 당한 사정을 들은 후 그들은 더욱 분개함
을 마지 아니하여 이에 윤자영·김옥 외 한 명과 함께 결사
대를 조직하고, 김지섭은 의열단 특파원으로 먼저 출발하기
로 하여 의열단 기밀부에서 여비 백 원을 받아 가지고……

김지섭 의거 기사(동아일보 1924년 4월 25일자)

　이는 의거 동기를 의열단의 제2차 대규모 암살·파괴 공작 실패와 관동대지진 당시 재일동포들에 대한 일제의 학살로 보도하고 있는 것이다. 나아가 그 목적도 《동아일보》 1924년 4월 25일자와 《조선일보》 1924년 4월 24일자 호외 모두 다음과 같이 보도하고 있다.

김지섭이 일본에 하륙下陸하던 때는 마침 동경에 의회가 열린 때이므로 조선총독 이하 총독부 중요 관리와 일본의 요로 대관이 모두 의회에 출석하였은즉 방청석에 있다가 폭발탄을 터뜨려서 정부 대관과 많은 대의사代議士를 한 번에 가루를 만들려는 생각이었으나, 대판大阪에서 신문을 본즉 의회는 휴회가 되어 언제나 다시 개회될 지 알 수가 없는지라. 그러면 일본 사람이 숭배하는 황성 부근에서 폭탄 한 방을 터뜨려서 일본 사람의 가슴을 뜨끔하게 하여서 나의 울분한 가슴을 시원케 하리라.

두 신문 모두 의회 파괴를 일차적인 의거 목적으로 보고, 휴회 중이라 대신 왕궁에 폭탄을 던진 것으로 보도하였다. 과연 진실은 무엇일까. 우선 동기는 관동대지진 당시 일제의 한인 동포 학살이 주된 것이고, 부수적으로 연이어 실패한 의열단의 국내 암살·파괴 공작을 만회하기 위한 것으로 생각된다.

14

제국의회인가, 일왕 궁성인가

　다음은 의열단 지도부와 김지섭이 처음부터 일왕의 궁성을 투탄 대상으로 삼고 있었는가 하는 문제이다. 김지섭의 〈예심종결결정〉과 국내의 신문들은 하나같이 처음 목적은 의회였는데, 휴회 중이라 왕궁으로 바꾸었다고 이해하고 있다. 곧, 이중교 투탄은 차선책이었다는 것이다. 이에 견주어 《독립신문》은 아예 처음부터 일본인들이 신성하게 여기는 왕궁을 목석으로 하였다고 한다.

　사실 의열단의 암살·파괴 대상에는 일왕이나 왕궁이 들어 있지 않다. 일왕과 왕궁은 의열단 '7가살'과 '5파괴'에도 들어 있지 않아 타격 대상이 아니었다. 그 이유는 아직 모른다. 그런데 상황이 바뀌었다. 의열단의 요청으로 신채호가 작성하여 1923년 1월에 발표한 〈조선혁명선언〉에는 "암살·파괴·폭동의 목적물로 ①조선 총독과 각 관공리 ②일본

일본 제국의회 회의실(위), 이중교(아래)

천황과 각 관공리 ③정탐노偵探奴, 매국적賣國賊 ④적의 일체
시설물"로 명확하게 '일본 천황'을 타격대상으로 삼고 있는

것이다.

신채호는 국민대표회의 소집보다 약간 앞서, 의열단 요청으로 〈의열단선언義烈團宣言〉이라고도 하는 〈조선혁명선언〉을 집필, 독립운동사상의 명문을 남겼다. 신채호는 온 생애에 걸쳐 민족주의 사상을 꽃피운 주옥같은 명문을 많이 남겼지만, 그 가운데서도 민족주의 사상 내지 민족운동의 전술로 극치를 이루는 것이 바로 〈조선혁명선언〉이다. 이는 민족운동이 '민중'의 기반 위에 서야 할 것을 강조할 뿐 아니라, 암살·파괴·폭동 등 '폭력'만이 독립운동 단계에서 가장 유효적절한 전술이라는 것을 힘주어 말하였다.

신채호는 〈조선혁명선언〉에서 이른바 '내정독립론內政獨立論' 곧 자치론은 말할 것도 없고, '외교독립론'까지도 철저하게 비판하고 있다. 이어 "민중은 우리 혁명의 대본영大本營이다. 폭력은 우리 혁명의 유일 무기武器이다. 우리는 민중 속에 가서 민중과 악수하며 부절不絕하는 폭력, 암살·파괴·폭동으로써 일본의 통치를 타도하고 우리 생활에 불합리한 일체 제도를 개조하여, 인류로서 인류를 압박하지 못하며, 사회로서 사회를 박삭剝削치 못하는 이상적 조선을 건설할 지니라"고 하는 '민중직접 폭력혁명론'을 주장하였다.

이것은 당시 승승장구하던 일제와 투쟁하는 여러 민족 독

신채호

립운동 가운데 단연코 빛나는 혁명이론이며, 전술로도 높
게 평가받고 있다. '민중직접 폭력혁명론'은 한말 이래 신채
호의 '신민론新民論'을 토대로 하는 '독립전쟁론獨立戰爭論'을
민중의 직접 혁명이론으로 한 걸음 더 발전시킨 것이다.

한말 이후 이 시기까지 일왕은 일제의 한국 침략과 식민지
지배에 대해 일종의 면죄부를 받아왔다. 그것은 장지연의

〈시일야방성대곡〉이나 안중근의 〈동양평화론〉에도 나타나듯이, 일왕은 그렇지 않은데 이토 히로부미나 군부 수뇌가 침략 원흉이나 동양평화의 파괴자로, 한국 침략과 식민지화를 감행했다는 잘못된 인식에서 비롯된 것이다. 이 같은 불철저한 반침략 의식은 의열단의 〈조선혁명선언〉에서 극복되었고, 김지섭의 실천으로 완성한 것으로 볼 수 있다. 그 결과, 1932년 1월 8월 일왕을 저격한 이봉창 의거가 가능했던 것이다. 그런 의미에서 김지섭의 이중교 투탄 의거가 갖는 역사적 의의는 매우 크다.

하지만 처음부터 왕궁을 목적으로 한 것은 아닌 것 같다. 그 이유는 김지섭의 진술로 이루어진 〈예심종결결정〉의 기록을 믿을 수 있기 때문이다. 김지섭은 법정에서 "차라리 죽을지언정 결단코 항복하지 않겠다"고 하면서, "무죄방면이나 사형을 요구한" 불세출의 의사였다. 이러한 사람이 죄를 덜기 위해서 거짓말을 했을 리 없고, 그렇게 말했다고 해서 죄가 덜해지는 것도 아니었다. 또 처음부터 왕궁을 목적으로 했으면, 사전에 치밀한 준비를 했을 것이다. 그런데 김지섭은 일본에 와서 제국의회가 휴회 중이라는 소식을 듣고, 그때서야 도쿄 지도를 사들고 왕궁 정문 앞 다리인 이중교로 갔던 것이다.

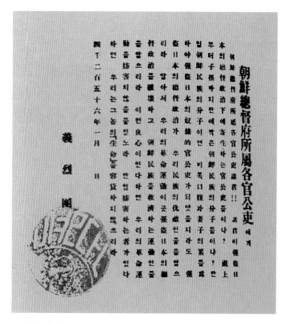

의열단 경고문

　이런 정황과 사실로 보아 의거의 처음 목적은 왕궁이 아니
라 제국의회와 거기에 참석한 정부 요인들로 보아야 할 것이
다. 다만 의거 직후의 《독립신문》 보도는 김지섭의 의거를
더욱 부각시키고 선전하기 위한 것으로 생각된다.

15

적지 일본에 상륙하다

다음은 김지섭이 폭탄을 받아 도쿄로 잠입하는 경로이다. 이에 대한 《조선일보》 1924년 4월 24일자 호외 기사와 〈예심종결결정〉의 기록은 다음과 같다.

당시 상해에서 '러시아공산당'과 '상해공산당' 사이에 연락을 취하고 있던 일본인 수도광이秀島廣二와 이발직공 소림개小林開라는 두 사람과 의논한 후, 그들을 시켜 삼정물산회사의 석탄을 실어 나르는 천성산환天城山丸이란 배의 선원 흑도리경과, 소림개의 형으로 그 배에서 일하고 있는 소림관일에게 대하여 '일본에서 코카인'을 중국으로 몰래 들여다 팔면 막대한 이익을 볼 것인데, 그 이익은 너와 나와 분배할 터이니 그리 알라고 속이고는 소형폭탄 3개와 일본 관헌의 의심을 피하기 위하여 중촌언태랑中村彦太郞이라고 박

김지섭 의거를 보도한 기사(시대일보 1924년 4월 25일자)

흰 명함 30장을 몸에 지니고 소림개와 함께 12월 20일 밤에
상해에서 천성산환에 올라 선창에 들어가 잠복하였다. 그
배가 상해를 떠나서 평양 대동강에 들어왔다가 일본으로 가
는 고로 열흘 동안을 허비하고, 그 달 30일에야 복강현福岡
縣 팔번제철소八幡製鐵所 앞 부두에 댔는데, 김지섭은 이슥한
밤중에 가만히 하륙하여 동지同地 비전옥備前屋이란 여관에
들어 금년(1924) 1월 3일까지 묵고……

(1923년) 동월(12월) 20일 의열단 기밀부로부터 폭발의 기능이 완비된 조형棗形(대추형) 수류탄 3개를 취하여, 그것을 착용한 양복 외투의 좌우 양측과 흉부의 각 의상 속에 1개씩 감추고, 피고인 수도광이·소림개 양인과 동반하여 당시 상해 포동에 정박 중인 화물선 천성산환에 잠입 밀항하여 동월(12월) 30일 밤 복강현 팔번제철소 암벽에 도착하였을 때 상륙하였다.

여기에는 김지섭의 일본 잠입 상황이 잘 나타나 있다. 김지섭은 의열단 기밀부로부터 대추 모양의 폭탄 3개를 받아 외투 속에 숨긴 채, 1923년 12월 20일 밤 삼정물산 소속 덴조산마루天城山丸라는 화물선을 타고 상해를 떠나, 평양을 들렸다가 열흘 뒤인 12월 30일 일본 후쿠오카현에 도착하였는데, 그날 밤 몰래 상륙하였다는 것이다.

김지섭이 상해에서 일본으로 갈 수 있도록 배편을 마련해 준 인물이 바로 윤자영이었다. 국내에서 활동하던 윤자영은 1922년 러시아 치타로 이동하여 두 파로 나뉜 고려공산당의 통일 사업에 노력하였다. 여기서 그는 일본 공산당원 히데시마 고지秀島廣二와 만나 동지적 관계를 맺었다. 이후 윤자영은 상해로 옮겨 의열단에 가입하였고, 여기서 히데시마를 다시 만나게 되었다. 이때 의열단이 도쿄 의거를 계획하고 김지섭을 파견하기로 한 것이다. 이에 윤자영은 김지섭과 의기투합하여 그를 비밀리에 일본으로 보낼 방도를 모색하다가 일본인 동지 히데시마에게 도움을 요청하였다. 히데시마는 상해에서 활동하던 일본인 공산당원 가운데 고바야시 히라키小林開의 친형인 고바야시 강이치小林寬一가 미쓰이三井물산의 석탄 운반선 덴조산마루의 선원인 것을 알고, 그와 또 다른 선원 구로시마黑島里經의 알선으로 상해에서 일본으로 가는 배편을 마련한 것이다.

상해에서 일본, 곧 사지死地로 가는 김지섭의 심정은 어떠했을까. 김지섭이 배 안에서 읊은 한 편의 시가 그 마음을 미루어 짐작하게 한다.

由滬渡東 상해에서 동경으로 건너가다

萬里飄然一粟身 표연히 이 한 몸 만 리 길 떠날 때
舟中皆敵有誰親 배 안에 모두 원수이니 뉘라서 벗할 것인가
崎嶇世路難於蜀 기구한 세상 앞길 촉나라보다 험난하고
忿憤與情甚矣秦 분통한 겨레 마음 진나라인들 더할 소냐
今日潛踪浮海客 오늘 몸 숨기고 바다 건너는 사람

_김지섭의 시(유호도동)

昔年嘗膽臥薪人　지난 몇 해를 와신상담한 사람인가

此行已決平生志　이미 정한 이 걸음 평생의 뜻이기에

不向關門更問津　다시 고향 돌아갈 길 묻지 않는다

의사의 마음은 한결같다. 김지섭은 "이미 정한 이 걸음 평생의 뜻이기에 다시 고향 돌아갈 길 묻지 않는다"고 하였다. 이미 죽음을 각오하고 나선 의사의 굳건한 결심을 엿볼 수 있다. 그건 윤봉길 의사도 마찬가지였다. 윤봉길 의사도 독립운동을 결심하고 고향 집을 나서면서 "사내가 뜻을 이루기 전에는 살아서 돌아오지 않는다〔丈夫出家 生不還〕"고 하였지 않은가. 1923년 12월 30일 밤 후쿠오카현 야하타 제철소 부두로 상륙한 김지섭은 곧바로 야하타八幡시의 히젠야備前屋라는 여관에 들었다고 한다. 그 뒤 김지섭의 행적은 《조선일보》 1924년 4월 24일자 호외와 《동아일보》 1924년 4월 25일자에 잘 드러나 있다.

김지섭은 으슥한 밤중에 가만히 하륙하여 동지 비전옥備前屋이란 여관에 들어 금년(1924) 1월 3일까지 묵고 본즉 가지고 나선 여비 1백 원은 배에서도 쓰고 이래저래 남은 돈이 몇 푼이 못 됨으로 밥값을 치를 도리가 없는지라 이에 흑도黑島를 시켜 회중시계와 담요를 전당잡혀 가지고 밥값을 치른 후 3일 밤에 거기서 떠나서 5일 아침에 동경 품천역品川驛에 다다라 전차에 내려서는 일찍이 일본에 유학한 조선 학생으로부터 동경시외 고전마장역高田馬場驛 근처 하숙집 심설관深雪館에는 조선 학생이 많이 유숙한다는 말을 들었기 때문에 품천역에서 싱신전차省線電車를 잡이디고 고전마장 역에 와 내려서 심설관을 찾아갔다. 그러나 그 집에는 빈 방이 없었으므로 할 수 없이 그 근처 여관에서 아침밥을 먹고 그곳을 나왔다.

1924년 새해를 적지인 일본에서 맞은 것이다. 더구나 김지섭은 열흘 동안이나 선창에 숨어 지내며 제대로 먹지도 자지도 못해 건강을 많이 해쳤다. 그래서 도착하자마자 내리 잠만 자다가 여관 하녀의 기침 소리를 듣고 깨어나 보니 새해가 밝았던 것이다. 마지막이 될 지도 모를 갑자년(1924) 새해를 적지에서 맞는 심정이 어떠했을까.

甲子元旦 갑자년 새해 아침

一夢居然四十翁 꿈같이 어느덧 사십이 되었지만
無人知我恨無窮 나를 아는 이 없으니 한스러움만 가득하다
可憐今日迎新感 가엾구나 오늘 새해를 맞는 느낌
畢竟千差萬不同 사람마다 천차만별이로다

어느덧 장년의 나이가 되었지만, 이룬 것이 없어 만감이

교차했을 것이다. 김지섭은 새해 아침을 맞는 것은 올해가 마지막이 될지도 모른다고 생각하니, 자신이 가엾다는 생각마저 들었다. 더구나 가지고 온 거사 자금도 이미 바닥이 났다. 그렇다고 망설이고 있을 수는 없었다. 그래서 회중시계와 담요까지 저당 잡혀 자금을 마련해 집을 나선 것이다.

　이제야 김지섭이 1922년 12월 국내에 들어와 총독부 판사 백윤화 부자를 협박해 군자금을 모금했던 이유를 알 수 있을 것 같다. 아마 그때 성공했다면 의거 양상이 크게 달라졌을지도 모르겠다.

16

1924년 1월 5일, 그날이 밝다

1924년 1월 5일, 의거 당일 김지섭의 행적을 《시사신보時
事新報》 1924년 4월 24일자 호외 기사로 쫓아가 보자.

사건 당일 아침, 상해에서 비밀리에 동경에 들어온 김(지
섭)은 성선省線전차로 고전마장高田馬場에 도착하고, 조도전
학권정早稻田鶴卷町 심설관深雪館으로 조선인 학생의 우두머
리를 방문하였지만 부재중이었기 때문에 동정同町 서수관瑞
穗館에 들어가 체재하기로 정하고, 10시경 동관을 나와 시
내 전차로 일비곡日比谷까지 갔다. 이 부근에서 점심을 하고
근처 여러 집과 다리를 지나 청광헌淸光軒에서 이발하고 오
후 7시 20분경 양복 주머니에 3개의 폭탄을 감추고 이중교
부근에 다다랐다.

거사를 앞두고 이발까지 하였다. 김지섭의 대범함과 의사로서의 담력을 짐작할 수 있다. 다른 한편으로 의거를 앞둔 마음가짐도 읽힌다. 민족독립과 조국 광복의 제단에 바치기로 한 몸이니, 몸과 마음이 모두 깨끗해야 했다. 그래서 이발을 하고 면도를 한 것이다. 그리고 곧 의거가 결행되었다. 의거 상황은 여러 기록이 있으나, 예심종결 결정 직후 호외로 보도한 일본 《시사신보》 1924년 4월 24일자 기사가 비교적 상세하다.

(1월 5일) 오후 7시 20분 무렵 양복 주머니에 3개의 폭탄을 감추고 이중교 부근에 다다랐다. 이 때에 동소를 순회 중이던 판하문외坂下門外 파출소 근무, 일비곡서日比谷署의 강본번영岡本繁英 순사가 불심 검문하자, 김(지섭)은 불의의 검문에 낭패하여 '가까이오면 던진다'고 위협하였다. 그렇지만 강본 순사가 겁먹지 않고 더욱 접근하여 가니까 그 순사를 향하여 1개의 폭탄을 던지고, 그대로 이중교 방면으로 도주하여 다리를 건너려고 했다.

이때 다리 방향을 경계하고 있던 근위보병近衛步兵 제1연대 제11중대 보초 복정福井 일등병은 총검을 겨누며 동인에게 접근하였고, 동 연대 제9중대 천원川原 일등병도 달려오

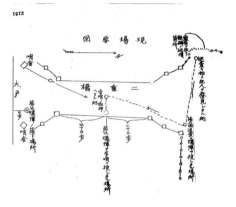

김지섭의 이중교 의거 현장 요도

자, 김(지섭)은 두 사람을 향하여 2개의 폭탄을 던졌다. 하지
만 이때 강본 순사는 뒤에서 동인을 붙잡아 3명이 체포하였
던 것이다. 3개의 폭탄 가운데 2개는 이중교 중앙에서 데굴
데굴 구르고 있었다.

《조선일보》도 《시사신보》와 같은 날인 1924년 4월 24일자
로 의거 상황을 호외 보도하였는데, 그 내용은 다음과 같다.

  그 날(1. 5) 동경 지도 한 장을 사들고 일비곡日比谷 이중
교 앵전문櫻田門 근처도 돌면서 이중교가 대궐 정문임이 틀
림없는 줄을 알고는 해가 지기를 기다려서 마침 지나가는

구경꾼 두 사람과 동행인 것처럼 차리고 이중교 앞에 바짝 가까이 갔을 때에 '저리 가라'는 순사를 겨냥해서 폭탄 한 개를 던졌으나 도화선에 고장이 생겨 폭탄은 터지지 않고 다만 뇌관에 불이 붙었을 뿐이었다.

김지섭은 눈 깜작할 새도 없이 곧 순사를 떼밀고 다리 복판까지 갔으나 마침내 파수병정에게 잡혔는데 김지섭은 피착된 후 엄중한 취조를 받게 되어 전후 사실을 전기前記와 같이 숨기지 않고 모두 자백하였고, 그외 일본 사람 4명도 혹은 상해에, 혹은 일본에 숨어 있다가 모두 잡혔다. 김지섭이 잡혔을 때에 그의 주머니 속에는 단지 구리돈 3전과 일본 이름으로 박힌 명함 몇 장뿐이었더라

《동아일보》는 4월 25일자로 황궁 소속 경찰부장의 말을 인용해 김지섭 의거 소식을 전했다.

시촌市村 황궁 경찰부장의 말을 들어보면 다음과 같다. 사실인즉 나이 40세가량쯤 되는 사람이 이중교 부근을 배회하므로 일비곡서 순사는 누구냐 물은즉 그는 몸에서 폭탄을 꺼내어 순사를 겨누고 던졌으나, 그 폭탄은 이중교 중앙에 떨어지며 폭발은 되지 않았다.

그때 근위 제1연대 제11중대 일등졸 복정청福井清은 그 광경을 보고 그를 향하여 총을 겨눈즉 그는 다시 제2차 폭탄을 던졌으나 그 폭탄은 정문 석책 위에 떨어지며 역시 폭발이 되지 않았으며, 그 보초병은 그를 다리 난간 위에서 붙잡은즉 그는 제3차로 다시 폭탄을 던졌다.

그러나 이번에도 역시 폭발되지 않았는데, 그때 근위보초병 천원장차랑川原長次郎이 수위대 본부에 종을 눌러 3,4명의 보초병이 달려와서 겨우 그를 체포하여 일비곡경찰서에 인치한 것이다.

그동안 김지섭의 의거에 대해 여러 말이 많았다. 폭탄을 투척조차 못했다는 말도 있었다. 하지만 일본 신문도, 국내 신문도 모두 그러한 사실을 부정하고 있는 것이다. 김지섭은 폭탄을 세 차례 투척했지만 폭발하지 않았다. 그 이유는 무엇일까. 또 폭탄의 위력은 어떠했을까. 이에 대한 일본 《시사신보》 1924년 4월 24일자 호외 기사가 자못 흥미롭다.

김(지섭)이 던진 폭탄은 크기가 3촌 정도의 수류탄으로, 육군기술부가 감정한 결과 25미터 떨어진 인마人馬도 죽일 수 있는 정교한 것이다. 불발로 그친 이유는 최초의 일발은 오래 지하에 보존하여 두었던 때문에 습기가 들어가 뇌관으로 통하는 선이 작동하지 않았던 때문이고, 뒤의 2발은 낭패한 나머지 안전핀을 제거할 틈도 없이 그대로 위병을 향해 던졌기 때문이다.

이 보도가 사실에 가까울 것으로 생각된다. 첫 번째 폭탄은 안전핀을 뽑고 던졌으나 습기 때문에 도화선이 작동되지 않아 불발되었고, 나머지 두 발은 양손에 하나씩 들고 있다가 상황이 급박한 나머지 미처 안전핀을 뽑지 못하고 던졌기 때문에 터지지 않은 것이다.

의열투쟁은 성패가 없는 것이다. 그것이 지향하는 진정한 목적이 암살이나 파괴에 있는 것이 아니라 메시지 전달에 있기 때문이다. 이런 의미에서 본다면 김지섭의 이중교 투탄 의거는 성공한 것이나 다름없었다. 의거로 한민족의 독립의지와 반침략 평화주의를 일본은 말할 것 없이 세계만방에 널리 알렸기 때문이다. 그렇더라도 폭탄은 터지지 않았고, 그에 대한 회한은 남는 것이다. 그래서 김지섭 스스로도 의거를 실패한 것으로 보았고, 그 심정을 옥중에서 한 편의 시로 남겼다.

김지섭의 시(실패입옥)

失敗入獄 거사에 실패하고 감옥에 간히다

挾彈馳入大和城 폭탄을 품고 일본 왕궁에 달려들었으나
一夜投虛十載營 십 년 동안 꾸민 일이 하룻밤에 헛되었도다
有志無能祇可死 뜻 있어도 무능하니 단지 죽을 뿐이나
含羞忍辱苟延生 부끄러움과 욕됨을 참고 구차하게 목숨을

이어간다

孤魂欲斷歸何處 외로운 영혼 끊어지려 하니 어디로 돌아
갈까

寸舌猶存說不平 그나마 짧은 혀가 있어 오히려 불평한다

更願他辰東渡客 원컨대 훗날 동경으로 건너오는 의사들
이여

前車爲戒厥功成 내가 한 일을 거울삼아 그대는 공을 이루라

김지섭은 10년 동안 꾸민 일이 하룻밤에 헛일이 된 것을
한탄하면서, 앞으로 거사를 위해 일본으로 건너오는 사람들
에게 자신의 실패를 거울삼아 반드시 뜻을 이룰 것을 바랐
다. 당대의 영화가 아니라 영원한 역사의 삶을 선택한 전형
적인 지사의 풍모가 느껴진다. 의열투쟁이란 그런 것이다.
개인의 공명심이 아니라 나라와 겨레의 만고청절로 영원히
남는 것, 그게 바로 의열투쟁이다.

17

한민족의 독립의지를
세계만방에 알리다

김지섭의 '이중교 투탄 의거'가 있자, 국내에서는 《조선일
보》와 《동아일보》가 1924년 1월 7일자로 내무성 공표를 인
용하여 보도하였다.

재작 5일 오후 7시에 조선 사람 한 명이 동경 궁성 이중
교 밖에서 배회하던 중 경관이 누구냐 함에 폭탄 같은 것을
던지었으나 터지지 않고, 현장에서 경관과 보초병이 범인을
체포하여 즉시 일비곡서日比谷署에 구금하고 취조 중인데 연
루자는 없는 모양이요, 범인의 목적은 다만 세상을 소요케
하자는 뜻에 불과한 듯하며 범인은 모처로부터 직행한 자로
인정되더라(6일 오후 3시 50분착 내무성 공표).

五日午后七時朝鮮人이
二重橋前에爆彈投擲

폭탄은의지지안코법인운현장에서테포
련루자는업고법인은모처에서드러오눈듯
內
務
省
公
表

오일오후 얼른서 조션사람한명이
회하는것을보고 경관이 수상히 녀여 누구냐고 무론즉 그자는
폭발탄 가른것을 가젓다가 집어덩졋스나 폭발은되지아니하얏는
고 법인은즉시 경과과 보초병의게 대포되여 일비곡(日比谷)
경찰서로 압송하야 엄중히심문중인데 별로 련루자는 업는듯
하고 이러한 행도을한 목덕은 아마 다만 세상을 소동케하라
는 것인듯하며 또 이법인은 최근 모처로부터 들어 온것인듯하
더라 (동경지급던)

이사건은 그외에도 동경으로부터 도착한 전보가잇스나 경무당국으로부터 게재금지의 명령
이잇슴으로 다만 이상의 내무성 공표만 게재함

김지섭 의거에 대한 일본 내무성 공표
(동아일보 1924년 1월 7일자)

그러나 이것뿐이었다. "이 사건(김지섭 의거)은 그외에도 동경으로부터 도착한 전보가 있으나 경무당국으로부터 게재 금지의 명령이 있으므로 다만 이상의 내무성 공표만 게재함"이라고 하여, 더 이상 보도하지 못했다. 그것이 어느 정도 풀린 것은 1924년 4월 24일 예심종결 결정으로 보도 금지 조치가 해제된 뒤였다.

敵宮城의 義烈爆彈

新年새해첫소리 딸각이들 가슴 놀래

義烈團員 金址燮氏는 本月 五日 午前에 敵京 二重橋 皇宮門 前에서 炸彈 三個를 더저느는데 一個만 터젓으며 곳 被捉되엿고 此로 因하야 敵倭들은 非常이 驚動되엿으며 該 金氏가 上海로 쫏아 가 안다 하야 一邊 注意를 하며 또 新聞의 登載를 禁止하며 또 저 檢査를 開始하엿다 더라

備考

金址燮氏는 上海로서 쫏아 日本으로 向한지가 바로 歲前이엇고 그 舟 中에서 지은 詩와 元旦에 지은 詩가 잇 友人에게 來到하엿기 左에 記錄

함 舟 中

萬里飄然一粟身
張椎荊劍胸藏久
今日腐心酒水客
昔年臥薪嘗膽人
此行已決平生志
舟中將敵有誰親
魯海屈湘思入頻
不向關門更問津

新年

一夢人間四十翁
可憐今日迎新歲
松門雨過大和風
畢竟千差萬不同

상해 독립신문의 김지섭 의거 기사(독립신문 1924년 1월 19일자)

상해의 《독립신문》도 1924년 1월 19일자로 김지섭의 의거를 대서특필하였다. '적 궁성의 의열 폭탄' '신년 새해 첫 소리, 딸각이들(일본인들) 가슴 놀래'라는 제목 아래, 김지섭의 의거를 보도한 것이다.

의열단원 김지섭씨는 본월(1월) 5일 오전(실제는 오후 7시 20분경)에 적경敵京 이중교 황궁 문전에서 작탄 3개를 던졌는데 1개만 터졌으며 곧 피촉被捉되었고, 이로 인하여 적왜敵倭들은 비상히 경동驚動되었으며 해該 김씨가 상해로 쫓아 갔다 하여 일변 주의를 하며 또 신문의 등재를 금지하며 또

검사를 개시하였다더라.

비록 폭발하지는 못했지만, 김지섭의 의거는 일본 왕실과 정부의 권위를 추락시킨 통쾌한 소식이었다. 더욱이 1922년 초 태평양회의, 곧 워싱턴 군축회의 이후 신제국주의 국제 질서는 고착화되었고, 1923년 초 국민대표회의의 결렬로 독립운동 거리는 침체되어 있었다. 김지섭 의거는 그 같은 분위기를 일신하는 소식임에 틀림없었다.

일본에서도 반향은 컸다. 이때까지 이른바 '대역大逆 기도 미수'로 1923년 9월 일제가 검거한 '박열朴烈 사건'은 미결 상태였다. 더구나 1923년 12월 27일 아나키스트 난바 다이스케難波大助가 섭정궁 히로히토裕仁(즉위 전 소화 일왕)를 도라노몬虎ノ門에서 장총杖銃(단장 총)으로 저격한 도라노몬 사건 직후였다. 더욱이 투탄 장소가 왕궁인 만큼 일본 정부는 아연실색하였다. 그런 정황은, "이 사건(김지섭 의거)이 생기자 당시 기요우라淸浦는 내각 조각을 중지하고, 근신하던 야마모토山本 내각은 긴급 각의를 열고 신문기자가 탄 수십 대의 차량은 동치서분東馳西奔하여 매우 소란하였다"고 보도한 《동아일보》 1924년 4월 25일자 기사에도 잘 드러나 있다.

18

일본 법정을 울린 애국혼

지금까지 가장 알려져 있지 않았던 사실이 바로 김지섭의 법정투쟁과 옥중투쟁이다. 김지섭의 법정투쟁은 김창숙金昌淑과는 달랐다. 김창숙은 "나는 대한 사람으로 일본 법률을 부인하는 사람이다. 일본의 법률을 부인하면서 만약 일본 법률론자에게 변호를 위탁한다면 얼마나 대의에 모순되는 일인가"라고 하면서 변호사의 변론을 거부하였다. 나아가 김창숙은 일본인 재판장이 본적이 어디냐고 물으면 "없다"고 대답하고, 왜 없냐고 물으면 "나라가 없는데 본적이 어디 있느냐"고 되묻는 등 재판 자체를 부정하였다.

이에 견주어 김지섭의 법정투쟁은 무죄 방면 아니면 사형을 언도하라는 것이었다. 김지섭은 〈예심종결결정〉에서 폭발물 취체 벌칙 위범違犯, 강도 미수와 선박 침입죄로 정식 재판에 회부되었다. 하지만 김지섭은 "여러 가지 죄라는 조

__ 김지섭 재판 광경

목이 일본 국법에 비추어보더라도 똑똑 따져 어느 법률 어느
조에 들어가 맞는다고는 할 수 없을 것이다. 오직 처음부터
끝까지 모든 것을 뭉치여 동서고금의 실례에 의하여 한 반역
사건으로 다스릴 수 있을 것인가 한다"라고 하여 대역죄로
생각하고 있었다.

일본인 야마사키山崎 변호사가 1924년 4월 27일 변호사
선임 문제로 김지섭의 감방을 방문하였을 때, "나는 결심과
각오가 있어서 한 일이니까 지금 와서도 아무 할 말이 없다.
변호사의 변호도 나는 받지 않을 예정이다"고 심정을 밝혔

金祉燮公判詳報 (二)

김지섭 공판 상보(동아일보 1924년 10월 15일자)

김지섭 공판 속보(시대일보 1924년 10월 18일자)

다. 김창숙처럼 식민지 법률과 제도 자체를 부정하지는 않았지만, 자신의 행동에 대한 명확한 신념을 가진 '확신범'이었던 것이다.

확신범이라고 해서 김지섭이 일제로부터 가혹한 고문을 받지 않은 것은 아니다. "본래 그만한 중대범인이므로 극형도 많이 받았는지, 지금껏 허리와 옆구리며 가슴이 몹시 아파서 잘 거동을 못할 뿐더러 20~30분 동안 바로 앉거나 서지를 못한다"고 국내 신문이 고문의 정황을 보도하고 있기 때문이다.

그럼에도 김지섭은 공판 중에 재판장이 직업을 묻자 "독립당원"이라고 하였다. 그리고 일본의 모욕侮辱에는 생명의 희생도 불관不關한다고 하면서 민족독립과 조국 광복에 대한 신념을 밝혔다. 나아가 김지섭은 독립의 필요를 통론痛論하면서 일본인 검사의 사형 구형에도 조금도 자세를 굽히지 않

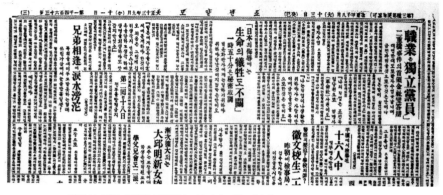

김지섭 재판 기사(조선일보 1924년 9월 11일자)

았다. 《조선일보》 1924년 10월 18일자는 이 같은 사실을 자세히 보도하고 있다.

　김지섭은 엄연히 일어서서 '6년 전의 조선독립운동(3·1 운동)은 일본에 대한 선전포고이나 적에게 잡힌 나로서는 결코 항복은 아니 하겠다. 정의를 생각하거든 방면할 것이요 그렇지 않거든 사형밖에 없다'한 후 검사의 일본혼日本魂을 비웃고 조선 민족성과 조선혼朝鮮魂을 부르짖고 '적의 (사형) 구형은 당연하다'하고 웃으며 조금도 죽음을 두려워하지 않는 얼굴이었다.

이같이 김지섭은 일본 법정에서 강인한 민족의식과 조국 독립에 대한 신념을 유감없이 표출하였다. 더욱이 김지섭은 자신의 처지에도 불구하고 동지들의 안부에 큰 관심을 보였다. 특히 1923년 3월 대규모 암살·파괴 공작 중에 일경에 체포된 김시현의 소식을 못 들어 매우 궁금하다고 하였는데, 이는 그에 대한 재판 경과를 알고자 했던 것 같다. 또 윤자영을 궁금히 여기기도 하였는데, 이는 그때까지 일경의 촉수를 피하고 있던 그의 안부가 궁금했던 듯 싶다.

19

일본 형무소장의 사과를 받아내다

김지섭은 수감 중 옥중투쟁을 벌여 형무소장의 사과를 받아내기도 하였다. 이는 재판소 통역생과 서기로 일했던 그의 경험을 살린 것으로, 옥중에서 일제 법 집행의 불법성을 단식투쟁으로 세상에 알리기 위한 것이었다. 김지섭은 "금년(1925) 1월 5일로 (미결)구류기간이 끝났는데도, 모른 체 불법 감금한다고 분개하여 1통의 유서를 써놓고 지난 (1월) 5일 아침부터 돌연히 단식을 결심하고 만 나흘이 되는 지난 8일까지 계속"투쟁한 것이다. 그러한 단식투쟁은 몸이 쇠약해져 감옥의 병동에 강제 입원해서도 의연히 계속되었다. 그러다가 재일동포들이 만류하고, 형무소장도 "(1월) 13일 밤에 김(지섭)이 누어있는 자리에 와서 자기의 실태失態를 말하며 잘못된 데 대하여서는 대단히 미안하다는 말을 하였으며 김(지섭)씨에 대하여도 여러 가지의 설유를 하였으므로"

김지섭 단식 기사(동아일보 1925년 1월 10일자)

단식투쟁을 끝냈다. 마침내 옥중 단식투쟁으로 형무소장의 사과를 받아냈던 것이었다.

김지섭 법정투쟁의 백미는 변호사들이 재판부 기피 신청을 낸 것을 피고인 자신이 거부한 일이었다. 이는 일본 사법 제도의 권위와 재판관의 양심에 치명타를 가한 것으로 생각된다. 김지섭의 변호사 김완섭金完燮·후세 다쓰지布施辰治·야마사키 게샤야山崎今朝彌는 제1심의 무기징역 판결에 불복 공소하여 도쿄공소원 형사대법정에서 제2회 공판을 열고 심리를 하던 중에, 재판장 나카오카 구마오長岡熊雄가 불공정하게 재판을 진행한다는 이유로 분개 퇴정하는 동시에 연서로 재판장 기피 신청을 공소원장에게 제출하여 세상의 주목을 끌었다. 하지만 정작 김지섭은 변호인들이 제기한 공소 재판장에 대한 기피 신청을 기각해 주도록 스스로 요구했다. 그 이유는 "나는 조선 사람이니 일본 사람인 재판장이 어떠한 사람이 되던지 똑같을 것이니 기피 신청을 할 필요가 없을 뿐만 아니라, 나는 아무 죄가 없으니 무죄를 선언하든지 제1심의 검사 청구대로 사형에 처하든지 하여 달라"는 확고한 신념을 가지고 있었기 때문이다.

여기에 이르면 김지섭도 김창숙처럼 일제의 법률과 제도 자체를 부정하기에 이른 것이다. 그렇다면 이제 재판은 의미가 없는 것이 되고 만다. 끝내 김지섭은 1925년 8월 12일 공소심에서도 무기징역을 언도받았고, 더 이상의 재판을 스스로 거부하였다. 곧, 공소심 판결 직후 야마사키 변호사가 의논도 없이 상고를 하자, 김지섭은 8월 18일 이를 취하한다는 서면을 제출한 것이다.

김지섭에게 남은 희망이라면 친척들과 동포들이 살고 있는 조국의 형무소에서 복역하는 것이었지만, 그것마저도 이루지 못했다. 그리고 김지섭은 1925년 8월 29일 이치가야市ヶ谷형무소에서 국치기념일을 맞이하였다. 경술국치를 당한지 15년이 되었지만 망국의 한은 뼈에 사무치도록 아프다. 자신은 감옥에 갇힌 몸이 되었으니, 더욱 조국의 현실이 암

김지섭이 투옥된 이치가야형무소

담하기만 하다. 하지만 국치를 설욕하고자 하는 굳은 의지
만은 여전하였다.

國恥紀念 국치일을 기념하다

靑邱士子仰蒼蒼　조선의 선비는 푸른 하늘만 쳐다보고
萬事無心一矢長　만사에 무심하게 살같이 빠른 세월만 보
　　　　　　　　　냈네
十五年前今日恨　십오 년 전 오늘 망국의 한
生如不報死難忘　살아서 못 갚으면 죽어서도 잊지 않으리

"살아서 못 갚으면 죽어서도 잊지 않는다"는 신념이야말
로 김지섭의 애국혼과 민족혼을 유감없이 표출한 것이고,

이중교 투탄 의거의 원동력이나 다름없었다. 하지만 일제
의 압박은 더욱 교묘하게 가해졌다. 그동안 수감되었던 도
쿄 시내의 이치가야형무소에서 도쿄 외곽 치바千葉형무소로
비밀리에 이감되었고, 여기서 옥사할 때까지 옥고를 치러야
했다.

20

치바형무소에서 순국하다

김지섭은 1928년 2월 20일 치바형무소에서 갑자기 옥사하였다. 이치가야형무소에서 이감된 지 2년 반 만의 일이었고, 감옥에 들어온 지 4년 1개월 만의 일이었다. 이미 김지섭은 죽음을 예감하고 있었다. 1926년 새해를 맞이해서는 고향의 동생 희섭禧燮에게 '9사시九思詩'로 '고국을 생각함〔思故國〕' '고향을 생각함〔思故鄕〕' '동포를 생각함〔思同胞〕' '동지를 생각함〔思同志〕' '집안을 생각함〔思家〕' '동생을 생각함〔思弟〕' '아내를 생각함〔思妻〕' '아들을 생각함〔思子〕' '자신을 생각함〔自思〕'을 써 보내고 뒷일을 부탁하기도 하였다.

일제는 1927년 2월 일왕 쇼와昭和의 즉위 기념으로 대사령大赦令을 내렸다. 이때 김지섭을 비롯하여 1921년 2월 도쿄 제국호텔에서 친일 거두 민원식을 응징한 양근환, 1921년 9월 조선총독부 폭파 의거와 1922년 3월 상해 황포탄부

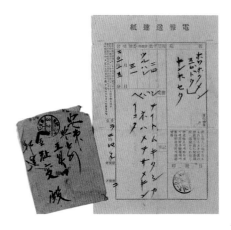

_ 김지섭 순국 전보

두에서 일본 육군대장 다나카 기이치田中義一의 처단을 기도
한 김익상 등도 감형이 되었다. 김지섭은 무기징역에서 20
년 형으로 감형되었지만, 그에게 감형은 아무런 의미도 없
었다. 애당초 김지섭은 '무죄가 아니면 사형'을 달라고 했으
니, 목숨에 미련이 남을 리 없었던 것이다. 그래서 김지섭은
옥중에서 죽음에 대한 생각(사관死觀)을 한 편의 시로 남겼다.

死觀 죽음에 대한 생각

人生假限百年期 사람의 일생이 길어야 백 년이니

一落塵區死已隨	한 번 세상에 떨어지면 죽음이 이미 따른다
月有幾時還黑夜	달은 얼마 아니 되어 어두운 밤으로 돌아가고
花無十日沒黃泥	꽃은 열흘이 아니 되어 진흙으로 떨어진다
熊魚取捨非徒聖	성인만이 의를 취하고 버리는 것이 아니니
蠅拘營求不免痴	구차하게 살려고 하면 어리석음을 면하지 못한다
何處太平天國是	어디가 태평천국인가
靑山默立草離離	청산은 말이 없고 풀만 흩어져 무성하다

"성인만이 의를 취하고 버리는 것이 아니니 구차하게 살려고 하면 어리석음을 면하지 못한다"는 구절에 김지섭의 사생관死生觀이 잘 나타나 있다. 구차하게 살기보다 살신성인의 자세로 죽음을 택하겠다는 의지가 엿보인다. 이것이 바로 의열투쟁의 정신이고 의열투쟁가의 자세이다.

김지섭의 옥중 순국에 대한 비보는 대구에 있던 동생 희섭에게 전해졌다. 그런데 그 사망 원인에 대해 의문이 많았다. 당시 《동아일보》 1928년 2월 25일자 기사를 보자.

作故하는 當日에도
平日대로 靜肅한 讀書

金祉燮 死因과 疑問

【東京에서 本社特派員 薛義植 發信】

絶食謀死屢次

無期대신 死刑要求
◇親族 金九鉉氏談

第一疑點

第二疑點

死亡日字相違

鐵窓生活도 忘却

朝鮮現狀을 格別注意

結婚以來 空閨愛妻

遺骸引受

遺族으로는 老妻와 養子

龍川에 積雪

김지섭 순국 기사(동아일보 1928년 2월 25일자)

여러 번 공판을 지나 무기징역을 언도받은 상해 의열단원 김지섭은 작년(1927) 은사恩赦로 말미암아 20년의 징역으로 감형이 된 이래 계속하여 천엽千葉형무소에서 복역 중 지난 (2월) 20일 오전 8시 반경에 독방 10호실 감방에서 돌연 사망하였다 함은 기보旣報와 같거니와, 그 사망한 원인과 당시 그 전후 경과에 대하여 동 형무소 당국이 전하는 바에 의하면 전기前記 김지섭은 복역 중 옥칙獄則도 잘 지키어 그날도 아침 일찍이 감방 소제도 하고 또 책까지 보고 있었는데 8시경에 이르러 갑작이 뇌일혈로 변소 옆에서 그만 세상을 떠난 것으로, 별안간 생긴 일에 창황망조한 형무소 당국에서는 즉시 이 뜻을 그의 본적지인 조선 대구에 있는 그의 아우 김희섭씨에게 통지하는 한편으로 동경 시외에 있는 그의 친족 김구현씨에게도 전보를 하였으므로 의외의 비보를 접한 김구현씨는 지난 21일 오전 9시에 동경을 출발하여 천엽으로 가서 시체를 인수하려 하였으나, 사망한 원인에 이상스러운 점도 있어 대구에 있는 그의 친제親弟인 김희섭씨가 오기를 기다리기로 하고 일단 동경으로 돌아갔다더라.

김지섭이 옥사한 이유는 구체적으로 무엇인가. 당시 도쿄에 살면서 김지섭을 옥바라지하던 손자뻘 김구현의 말을 인용하여 보도한 《동아일보》 1928년 2월 25일자 기사를 보자.

감옥에 갔을 때에 감옥 당국자의 말도 들었고 고인의 얼
굴과 가슴만 보았는데, 우선 두 가지 의심이 있습니다.

첫째는(찰과상과 반점) 코 마루에 찰과상이 있고 웃 가슴에
몇 개의 반점이 있었습니다. 감옥의監獄醫 말을 들으면 변
소에 갔다가 그대로 졸도하였는데, 그때 무엇에든지 부딪친
것이라 합디다. 그러나 디디는 데나 뚜껑 등 변소의 구조로
보아서 대단히 믿기 어려운 일이라고 생각하였습니다.

둘째는(사망일자 상위) 매월 세 번째 일요일이면 휴식을 시
키고 그날도 아침에 독서를 하였다는 것인데 휴식일인 일요
일은 19일이었고, 사망한 날은 20일이니 휴식하던 다음 날
이요 아침에 독서까지 하던 사람이 뇌일혈 졸도라는 것은
매우 이상합니다. 하여간 최근 상태로 보아 자살은 아니라
고 나는 판단합니다.

김지섭이 죽은 원인을 두고 이 같은 의문이 생기자, 김희
섭과 김구현 등 가족들은 후세 변호사의 도움을 받아 부검을
요구하였다. 이에 따라 2월 23일 촉탁의사 아즈시마間島의
입회 아래 치바의과대학 병원에서 시신을 부검하였다. 그런

데 입회 의사조차 "뇌일혈은 분명한데 기관지 출혈의 장소
와 그 모양이 통례와는 다를 뿐 아니라 거의 보지 못한 현상
이다. 별나게 수상한 점이 보인다는 것은 아니지만, 그렇게
출혈되는 원인은 앞으로 연구하여 본 뒤가 아니면 밝힐 수
없다"고 하는 애매모호한 결론을 내리고 말았다. 끝내 김지
섭은 많은 의문을 남긴 채 떠났고, 아직도 우리는 그 의문을
풀지 못하고 있는 것이다.

21

이중교 투탄 의거의
역사적 의의는 무엇인가

사람에게는 누구나 인생을 사는데 있어서 전기轉機, 곧 변화의 계기가 있게 마련이다. 그 변화의 계기는 대나무의 매듭과 같은 것이다. 대나무가 크게 자라려면 매듭이 있어야 한다. 그것이 없다면 크게 성장하지 못하고, 곧 부러지고 말 것이다. 인간의 삶도 마찬가지다. 역사적 인물은 그런 인생의 전기를 토대로 역사에 우뚝 선 존재가 되는 것이다.

김지섭도 마찬가지였다. 김지섭에게는 세 번의 전기가 있었던 것 같다. 한 번은 족형 김응섭의 영향으로 근대의식에 눈뜨고, 비로소 세상에 자신을 드러내기 시작한 것이고, 두 번째는 홍범식의 영향이다. 홍범식의 자결, 순국을 목격하면서 잠자던 민족의식이 각성되고 독립정신이 높아진 것이다. 마지막으로 의열단에 가입하면서 실천적 독립운동의 길

추강 김지섭 선생 기념비(안동시 정하동 영호루 옆)

을 가게 되었고, 마침내 '이중교 투탄 의거'로 독립운동사에
길이 남을 존재가 되었다.

하지만 김지섭의 가시밭길 독립운동 역정에 '이중교 투탄
의거'만 있었던 것은 아니다. 그것은 마지막 결과물이었고,
그것을 이루기까지 김지섭 나름의 고뇌와 실천이 있었던 것
이다. 3·1운동 이후 중국 망명을 계기로 김지섭은 비로소
김응섭의 그늘에서 벗어나 자신의 길을 갔다. 따라서 그는
김응섭과 같은 이르쿠츠크파 고려공산당에 가입했지만, 김
응섭의 권유와 지도로 가입한 것이 아니라 김시현과 의기투

합한 결과였다. 나아가 김지섭은 김시현과 함께 의열단에 참가하여 의열투쟁 방식으로 독립운동을 전개하였다.

더욱이 김지섭은 의열단 가입 직후 제2차 대규모 암살·파괴 공작에도 참여하면서 군자금 모집 활동도 벌였다. 그리고 마침내 일왕 궁성 폭파를 목적으로 '이중교 투탄 의거'라는 초유의 일을 이루었다. 비록 폭탄은 터지지 않았지만, 그가 살신성인의 자세로 보여주고자 했던 조국독립과 반침략 평화주의의 메시지를 일제와 한민족에게 던진 것이다. 이후 일본인들이 신성시하던 일본 왕궁은 더 이상 신성한 곳이 되지 못했고, 일왕 또한 신인神人이 되지 못했다.

바꾸어 말하면 일왕이 사는 궁성 이중교에 폭탄을 던져 불발로 그친 김지섭 의거는 하나의 우발적인 사건처럼 보이지만, 그것이 지닌 의미는 매우 컸다. 김지섭 의거는 경신참변과 관동대지진 당시 한인동포 학살에 대한 민족적 응징이자 민족독립의 결의 표명이었고, 다른 한편으로는 일왕 궁성에 폭탄을 던진 행위 자체만으로도 '성상폐하聖上陛下'로 불리고 '현인신現人神'으로까지 받들던 일왕의 권위를 부정했기 때문이다. 따라서 이제 일왕은 일제의 한국 침략과 식민지 지배에 대한 면죄부를 지닌 존재가 아니라 그 원흉이자 주범으로 응징의 대상이 된 것이다. 이것이야 말로 김지섭 의거가

_독립기념관의 김지섭 어록비

지닌 가장 큰 역사적 의의라고 할 수 있다.

일제는 이러한 의미를 탈색시키고자 김지섭을 대역죄가
아닌 잡범으로 다루려 했지만, 그들의 뜻대로 되지 않았다.
더욱이 김지섭이 차라리 죽을지언정 결단코 항복하지 않겠다고 하면서, 법정투쟁으로 민족독립에 대한 강인한 신념과 의지를 유감없이 분출하는 데는 어찌할 도리가 없었던 것이다. 따라서 김지섭 의거는 가깝게는 1926년 12월 의열단원 나석주 의사의 조선식산은행과 동양척식주식회사 투탄 의거에 영향을 주었고, 멀리는 1932년 1월 한인애국단원 이봉창 의사의 일왕 저격 의거의 실마리를 열어 놓았던 것이다.

부록 1. 김지섭 옥중기

(이 글은《동아일보》1925년 7월 6일·8일·9일자에 실린 '이중교 폭탄범 김지섭 옥중기'를 옮긴 것임-필자)

이 기사는 지난(1925) 5월 13일 도쿄공소원 제3호 법정에서 열린 이중교 폭탄범 김지섭에 대한 제2회 공소심을 마친 당일에 피고 김지섭이 옥중에 돌아가서 그날의 감상과 기피신청을 불응한 자기의 뜻을 기록한 옥중기인데, 변호사의 손으로부터 본사(동아일보) 도쿄 특파원이 얻은 귀중한 기사이니 독자 제씨는 뜻있게 보아주시기를 바랍니다(일기자).

(1925) 5월 13일 수요일 쾌청快晴

오늘은 실로 덥지도 않고 춥지도 않은 좋은 봄날이다. 봄

二重橋爆彈犯

金祉燮獄中記

(一) 第二回控訴審當日

김지섭 옥중기(동아일보 1925년 7월 6일자)

옷을 깨끗이 입고 술병을 차고 산 위에 구름을 따르고 냇가로 서늘한 바람을 찾았으면 좋은 날이다. 오늘 공소심의 제2회라기는 하나 1회라고도 할 수 있는 공판날이다. 전회 공판 이래 하루 같이 기다린 까닭인지 또는 오늘 가보면 대강 앞길이 보이리라고 생각하고 있었든 탓인지 그렇지 않으면 매우 익어온 관계였는지 뱀보다도 싫던 포승과 수갑이 그리 싫지가 않았고, 귀신소리 같은 번호 부르는 소리도 예사롭게 들리었으며 시커먼 죄수 자동차를 타도 전과 같이 그리 맘에 걸리지를 않았다. 철망 사이로 활동사진과 같이 지나가는 거리의 천태만상이 모두 진기하게 보였으며 그 중에서 제일 눈에 띄는 큰 건축물이 적판이궁赤坂離宮이라고 간수에게서 들었을 순간에는 무심중 다시금 보지 않을 수가 없었다.

재판소 유치장에 도착하였을 때에 전과 달리 수갑을 풀어주지를 않음으로 이상히 생각하고 담임부장에게 물어본즉 최근에는 안 벗겨주기로 하였음으로 벗기지 않는 법이나 그대는 병인이니 특별히 벗겨준다고 무슨 생각이나 하여 주는 것처럼 벗겨준다. 그러나 나는 별로 반갑다고 생각하기는 고사하고 오히려 저들은 종래 나에게 하여 온 짓이 아직 만족하지 못하여 이렇게까지 구는가 하고 생각되었다. 한 시간쯤 되어 동경재판소에서는 제일 넓다는 공소원 제3호 법정에 끌려 들어가니 판·검사석에서부터 방청석까지 파리 한 마리 없이 음산한 바람이 비를 몰아가는 광야와 같이 장내가 죽은 듯이 적적한 것이 옳지 이 안에는 범치 못할 무서운 무엇이 잠겨 있는 듯이 나는 생각되었다. 조금 있다가 다른 피고인과 변호사와 다음에는 판·검사가 순서로 각각 제자리에 착석하였다.

그 중에 재판장이라는 사람은 전번 공판의 그것과는 명의만 같을 뿐이요 그밖에는 비슷한 점 하나도 없었고 비길만한 특징조차 가지지 않은 사람이었다. 나이는 한 50쯤 되었을까 어머니 배밖에 나온 이래 한 번도 웃어본 기억이 없는 듯한 얼굴에 너무나 침착한 태도를 가지고, 옆에 앉은 배석판사와 검사에게 의견을 물을 때에도 눈도 한번 돌리지를 않고 기계적으로 턱을 좌우로 놀리기만 하며 아주 점잔을 뽐내었다. 전번 공판에 감鑑하여 법정으로 빼지 못할 사람 외에는 특별히 허가를 얻은 4~5인의 방청인이 있었음도 불구하고, "본건은 치안에 방해될 염려가 있음으로 공개를 금함"이라고 언도를 하여 방청인을 내보냈다.

재판장은 일본 헌법에 의하여 천황의 명령으로 재판을 하는 특권을 가진 큰 인물이니, 나와 다른 피고에 대한 사실 심리를 할 때에는 아주 신중히 또는 정밀히 하는 듯이 필요한 것 이상의 사실을 캐어묻는 때는 배석판사들까지 매우 염증이 나는 듯이 하품을 할 듯한 얼굴을 보였다. 오후부터는 증거조사에 들어가 예에 의지하여 읽어 돌리기도 하고 증거품을 들어 보이기도 하는 판에 그 사건이 일어난 그날 밤의 이중교 전경을 박은 사진 몇 장이 새롭게 보였다. 전번 공판에 나와 나의 종제(김완섭 변호사)가 신청한 증인 환문喚問과 폭탄 재감정의 신청은 물론 오늘 각 변호사가 격렬한 성의로 정당한 이유 아래 신청한 폭탄의 재감정과 감정 증인 기타의 증인 환문의 신청도 판결은 내 머리 속에 이미 확정되어 있다고 하리만큼 조금도 주저하지 않고 아주 제멋대로 "필요가 없다고 인정해……"라는 말로써 모두 다 각하하여 버렸다.

이 순간에 법정의 음습한 공기는 그러한 일을 당하지 못한 사람으로서는 몽상도 못할 만큼 매우 험상스러웠다. 재판장의 얼굴에도 일종의 처참한 표정이 나타났지만 변호사 제씨는 마치 현숙무후한 처녀가 졸연히 사나이의 희롱을 당할 때처럼 얼굴에 열이 오른 듯이 보였다. 그러나 나는 감히 정면으로 볼 용기는 나지 않았다.

조금 있다가 송곡松谷(변호사)씨의 발언으로 변호인들끼리 협의할 필요가 있으니 휴게를 구한다고 하면서 재판장의 대답은 어찌됐든 좋다는 듯이 변호사 제씨는 자리를 떠나 바깥

二重橋爆彈犯
金祉燮獄中記
(二)
第一回控訴審當日

◇조금

◇처음

◇편석

◇원내

김지섭 옥중기(동아일보 1925년 7월 8일자)

150

으로 나가 버리고 말았다. 그들이 법정에서 나가는 것을 바라보고 무의식적으로 법정을 한 번 둘러보니 판검사는 물론 정정廷丁과 순사들까지 어느 사이에 다 빠져나가서 홀연히 불어오는 일진광풍에 흔적 없이 사라지는 구름장과 같이 자취를 숨기고 말았다. 단 두 명의 간수에게 자유의 구속을 당한 나 혼자가 텅빈 방안에 혼자 남아 있는 것을 깨달았을 때에 과연 이 법정은 크기는 큰 것을 알았다. 얼마 후에 무슨 신호나 있는 듯이 나갔던 사람들이 다시 제자리에 도로 들어왔음을 알았다.

처음에 완섭(김지섭의 종제로 변호사)군이 먼저 일어나 변호인은 피고를 위하여 "지금 판사 3인은 편협한 재판을 할 염려가 있어서 기피를 신청한다"고 하며 아직 그 이유를 미처 설명하기 전에 송곡씨가 이 기피 신청은 변호인들이 협의한 끝에 하는 것으로 피고 김지섭뿐 아니라 피고 수도광이秀島廣二군을 위해서도 하는 것이라고 말을 보탰다. 이 때 나는 내 주위의 사정에는 조금도 꺼리지 않고 이 순간에 양심의 명령하는 대로 병으로 인하여 특별히 앉아 있던 의자에서 일어나 피고 본인은 이 기피 신청이 필요하지 않다고 인정하고 이에 반대하였다. 그 이유로는 다음과 같이 진술하였다. 나는 재판소가 본건에 대한 태도에 의지하여 지금 판사에만 그렇다고 하지 않고 원래 전부가 편협함으로, 이 신청에 대하여도 반드시 편협하지 않은 결정을 바랄 수 없다고 생각하지 않을 수 없었다. 이때 재판장은 나더러 그 결정은 다른 판사가 한다고 가르쳐준다. 아마 내가 그 판결까지 지금 재판장이 하는 줄로 믿었다고 생각하는 모양이다. 가르쳐주니 고맙다고나 하여줄까. 어찌했든 다른 판사라는 사람은 대체 누구일까 그도 역시 일본인이고 본즉 한 길을 밟은 것은 분명하다. 가령 일보를 양보하여 이 신청이 이유 있다고 결정된다고 가정하더라도 이번 판사는 없어지겠지만, 그를 대신하는 판사는 확실히 정직하고 공정한 머리로써 본건을 처리하리라고 믿을 수 있을런지. 어쨌든 편협한 재판을 한다는 것은 정한 이치인즉 결국 마찬가지라고 단언할 수 있다는 까닭이었다. 원체 본건에 대하여 피고인 나에게 말을 하라면 이와 같다.

첫째, 제1의 행위가 폭발물 취체 벌칙 제3조에 해당하지 않는다고 믿는 나는 처음에 의론을 같이 하였을 뿐으로 사실 그 폭탄을 가지거나 수입하지 않았든 까닭이다.

둘째, 제2의 행위는 강도죄로 논할 수 없는 것이다. 왜 그러냐 하면 처음부터 그런 의사라던지 목적이 없었다는 것은 물론이요, 그 당일 그 장소에서 한 언어와 행동 내지 교섭

전말은 물론 전부가 결단코 그렇지 않았던 까닭이다. 누가 무엇이라고 하든지 나의 양심과 사실이 증명하는 바이다.

셋째, 제3의 행위는 동(폭발물 취체) 벌칙 제1조를 적용할 것이 못되니 이는 변호인들이 말하는 바와 같이 폭발 그것의 성능 작용은 별문제로 하고, 동조에 설명한 바와 같이 목적도 아니었고, 또 동조에 의미한 바 사용정도에 도달하지를 않았다. 다시 말하면 목적과 수단이 그 요소를 가지지 못하였다.

넷째, 제4의 행위는 선박 침입을 가지고 논한다는 것은 더욱 기괴천만의 일이다. 본래 나는 당당하게 허가를 얻은 후 탔음으로 있던 곳이 어둡다든지 좁다든지 하는 것은 객선이 아니었으므로 당연한 것이거늘 이런 데 있었다고 침입죄를 구성한다는 데는 어떤 근거가 없다고 믿는다.

이상의 여러 가지 죄라는 조목이 일본 국법에 비추어보더라도 똑똑 따져 어느 법률 어느 조에 들어가 맞는다고는 할 수 없을 것이다. 오직 처음부터 끝까지 모든 것을 뭉치여 동서고금의 실례에 의하여 한 반역사건으로 다스릴 수 있을 것인가 한다. 이에 따라 이 처분 방법으로도 역시 동서고금의 실례에 따라 두 가지 길이 있을 뿐이니, 이를 설명하면 하나는 무조건 석방의 관대한 처분이던지, 그렇지 않으면 이렇

二重橋爆彈犯
金祉燮獄中記
(三) 第二回控訴審當日

김지섭 옥중기(동아일보 1925년 7월 9일자)

다 저렇다 귀찮은 재판 수속을 밟지 않고 교수대에 올려놓음이 좋을 것이다. 그런데 일본과 나와 사이에는 일이 이렇게 되지 않고, 제1심에서 검사가 나의 의견과 합치된 듯하여 피고 김지섭은 사형에 처하는 것이 상당하다고 청구하였음에 불구하고, 밉살스러운 재판장은 그 구형대로 하면 피고 본인의 희망하는 바로 되어 오히려 쉬운 일일 터이므로 고통받다가 자멸하여 버리게 징역을 시켜 버리지 않으면 애석하다고 생각하여 이런 재판을 하지 않았는가. 이에 대하여 내가 한 공소는 결코 형벌이 가혹하다고 하여 좀 경輕하게 하여 달라고 하는 의미가 아니라, 검사의 부대附帶 공소가 있었으면 하는 생각과 혹은 무죄의 뜻을 두었음이다. 그런데 예기한 바와 같이 공소심에서 하는 모양이 1심을 복사한 것과 같은 방식이다. 이로써 보면 증거 신청을 각하하는 것도 괴롭게 생각할 바가 못 되고, 따라서 이 신청이 물론 통과되지 못할 것은 불을 보는 것보다 분명할 것이다.

여기가 변호사가 신청한 기피 신청과 나의 뜻과는 다른 것이다. 이러한 의견으로 내가 기피 신청에 반대하는 뜻을 진술하자, 포시布施 변호사는 즉시 일어나 엄숙한 태도로 "지금 김군의 기피 신청 반대는 결단코 지금 재판장을 신용한다는 의미에서 나온 것이 아니라 우리 변호사의 기피 신청보다 몇 곱 이상으로 판사를 신용하지 않는다는 뜻에서 나온 것임으로 이 기피 신청에 하등 영향이 미치지 않는 것"이라고 진술하고, 또 산기山崎씨는 좀 재판장을 경홀히 보는 듯한 어조로 피고의 반대 의견이 결코 변호인의 신청을 반대한다는 것이 아니라고 말을 보태니, 재판장도 어쩔 줄 몰라 좀 주저하는 듯한 태도라 "어떤가"하고 나를 향해 물어 보았다. 나는 물론 지금 판사를 신용한다는 의미로 한 것이 아닐 뿐더러, 아까 이야기한 바와 같이 일본 나라 재판관 전체를 신용하지 못하겠다는 의미로 한 것으로, 이 신청도 결국은 쓸데없는 헛수고로 돌아가는 것이라고 대답하였더니, 재판장은 그 뒤에 앉아 있던 육법六法 선생에게 의견을 묻고는 "그러면 이 신청을 받는다" 선언하고 폐정하여 버렸다. 나는 아까부터 좀 흥분되어 있었음으로 법정을 나올 때에 "재판에 맡길 수밖에 별 수 없군"이라고 하는 수도秀島군의 단념한 듯한 말에, "재판 그까짓 것이야 어찌 되었든 나는 내일부터 징역살이를 하겠다"고 나오는 대로 말을 하여 버리고, 포시布施 변호사에게 될 수 있으면 근간에 또 한 번 와달라고 부탁하고, 완섭군에게도 오늘 밤차로 떠나면 가서라도 편지장이라도 보내 달라고 하였다. 유치창에 돌아왔을 때에 어느 집 시계인지 여섯 시를 땡땡 쳤다. 한참동안 앉아 있다가 올

때와 같은 자동차를 타고 감옥으로 돌아왔다. 머리가 좀 아팠음으로 차중에서는 눈을 꼭 감고 있다가 다왔다는 신호 소리에 눈이 깨여 다시 어스름한 병감으로 내 집에나 돌아온 듯이 안심하고 돌아왔다. 간호인이 상시와 같이 갔다가 준 빵을 그대로 두어 두고 즉시 자리에 들었다. 낮에 일이 자연히 다시 생각되어 아직 가슴에 도는 불안의 물결이 적지 않았다.

이 불안이라는 것은 변호사 제씨와 다른 피고에 대하여 실례된 짓을 하지나 않았는가 하는 불안이다. 설사 좀 실례된 짓을 하였더라도 여러분은 용서하고 양해하여 주리라 생각하였다. 이런 생각을 하다가 은연중 잠이 들고 말았다.

부록 2. 김지섭 연보

1884.	7. 21.(음력) 안동시 풍산읍 오미리 369번지에서 출생. 자는 위경衛卿, 호는 추강秋岡, 친부는 병규秉奎, 양부는 병두秉斗
1888. 5세	모친상을 당함
1891. 8세	족숙 김병황에게 한학을 배우기 시작함
1898. 15세	예천 권씨와 혼인
1907. 24세	3. 9. 보통학교 전과專科 한문과 부교원 검정시험 합격 5. 1. 공립상주보통학교 부교원 임용
1908. 25세	3. 15. 재경 영남인사들이 창립한 교남嶠南교육회에 회원으로 참가 11. 11. 공립상주보통학교 부훈도 사임

1909. 26세	1. 2. 사립 광화신숙廣化新塾 일어전문과 수료 8. 3. 전주구全州區 재판소 번역관보 임용 11. 1. 통감부 금산구錦山區 재판소 통역생 겸 서기로 전임
1910. 27세	8. 29. 금산군수 홍범식의 자결 순국에 크게 감명받아, 그의 시신과 유서를 수습하고 장례를 치름
1911. 28세	9. 26. 조선총독부 영동구永同區 재판소 통역생 겸 서기로 전임
1913. 30세	1. 8. 조선총독부 재판소 통역생 겸 서기 사임
1915. 32세	5. 4 김응섭이 대구에 개설한 법률사무소 서기로 상주출장소에서 근무
1916. 33세	생부 상을 당함
1919. 36세	3·1운동이 일어나자 독립운동에 투신하기로 결심
1920. 37세	중국 상해로 망명하여 본격적으로 독립운동에 가담
1921. 38세	가을. 고려공산당 가입

1922. 39세	1. 모스크바에서 열린 극동민족대회 참석 여름. 상해에서 의열단에 가입 7. 김시현·장건상과 함께 서울로 잠입하여 의열단의 대규모 의거 계획 추진 12. 서울에서 조선총독부 판사 백윤화白允和와 그의 부친 백운영白運永을 권총으로 위협하며 군자금 모집 활동
1923. 40세	1. 상해에 개최된 국민대표회의 참석 3. 의열단의 대규모 의거 계획(일명 김시현·황옥 사건)에 참여 9. 1. 일본에 관동대지진 발생. 일제는 민심이 극도로 흉흉해지자 한인들이 일인들을 독살하기 위해 우물에 독극물을 뿌리고, 폭동을 일으키려고 한다는 유언비어를 퍼뜨려 재일동포 6,600여 명 학살 12. 20 밤. 대추형 폭탄 3개와 나카무라 히코타로中村彦太郎라는 가명의 일본인 명함 30 내글 가시고 윤사넁의 알선으로 미쓰이三井 물산의 석탄 운반선 덴조산마루天城山丸 타고 상해를 출발 12. 30 밤. 후쿠오카현 야하타八幡제철소 부두로 상륙하여 1924. 1. 3일까지 히젠야備前屋 여관에 묵음
1924. 41세	1. 3 밤. 에다미쓰枝光역을 출발하여 1. 5 아침 도쿄에 도착. 도중에 제국의회가 무기 연기되었다는 사실을 알고 왕궁 폭파를 결심

1. 5 아침. 도쿄 시나가와品川역에 도착하여
도쿄 지도를 산 뒤 다카다바바高田馬場역에
내려 와세다스루마키마치早稻田鶴卷町 근처
의 여관 미즈호칸瑞穗館에서 아침밥을 먹음
1. 5 낮. 아침밥을 먹고 도쿄 지도에서 왕궁
을 찾아본 뒤 히비야공원에 도착하여 궁성
정문인 사쿠라다몬과 니주바시 현장 확인.
이후 점심을 먹고 청광헌淸光軒에서 이발하
고 해가 지기를 기다림
1. 5 오후 7시 20분 무렵 니주바시 투탄 의거
결행
1. 7. 동아일보와 조선일보, 김지섭 의거 최
초 국내 보도
1월 말. 의열단, 김지섭 의거 선전문 제작 배포
4. 24. 도쿄지방재판소의 예심종결 결정, 일
본 시사신보와 조선일보·동아일보 등 각종
신문 김지섭 의거를 호외로 종합 보도
9. 9. 도쿄지방재판소 제1회 공판 진행, 변호
사는 6촌 동생 완섭完燮, 후세 다쓰지布施辰
治, 야마자키山崎今朝彌 등 3인
10. 11. 제2회 공판. 이때 김지섭은 일본 정부
의 악정을 통박하고, 이시이石田 검사는 사
형을 구형함
10. 16. 제3회 공판. 김지섭은 최후 진술에서
'차라리 죽을지언정 결단코 항복하지 않겠
다'며 무죄방면이나 사형을 요구함
11. 6. 도쿄지방재판소 김지섭에게 무기징역
언도

	11. 11. 도쿄공소원에 공소 제기
1925. 42세	1. 5. 아침. 불법 감금을 이유로 이치가야형 무소에서 단식 돌입 1. 14. 형무소장의 사죄로 열흘에 걸친 단식 투쟁 중지 5. 13. 제1회 공소심 개회, 변호사측은 재판 장 나카오카 쿠마오長岡熊雄의 불공정을 이 유로 공소원장에 재판장 기피 신청 6. 8. 변호인들이 낸 재판장 기피 신청을 김 지섭이 철회 8. 12. 도쿄공소원 무기징역 언도 8. 13. 변호사 측은 대심원에 상고를 제기하 였으나 김지섭이 상고를 취하하고 대심원 고야마小山 검사총장에게 '사형희망서' 제출
1926. 43세	1. 아우 희섭에게 9사시九思詩로 '사고국思故 國, 사고향思故鄉, 사동포思同胞, 사동지思同 志, 사가思家, 사제思弟, 사처思妻, 사자思子, 자사自思'를 써 보내고 뒷일을 부탁함
1927. 44세	2. 일왕 쇼와昭和 즉위 대사령으로 무기징역 에서 20년으로 감형
1928. 45세	1. 7. 아우 희섭에게 편지를 보내 음력 설날 에 재휴(희섭의 맏아들이자 지섭의 양자)를 데 리고 찍은 사진을 우송해달라고 함 1. 27. 아우와 아들이 함께 찍은 사진을 받고 감격에 겨워함

	2. 20. 오전 8시 30분 무렵 투옥 4년 1개월 만에 치바형무소에서 순국 2. 23. 아우 희섭이 치바형무소에 도착. 치바 의과대학에서 부검을 실시하였으나 사인은 뇌일혈로 판명. 일본 당국의 강요로 유해는 치바의과대학에서 화장 2. 25. 아우 희섭이 유골을 안고 현해탄을 건 너 부산항에 도착 3. 8 밤. 일경이 감시하는 가운데 오미동 옛 집 뒷산 장판재 동쪽에 봉분도 없이 평장
1945.	11. 3. 광복한 뒤 동지와 유지들이 참석한 가 운데 사회장으로 다시 장례식 거행(장례위원 장은 홍범식의 아들 홍명희와 김시현이 맡음)
1962.	3. 1. 건국훈장 대통령장 추서

찾아보기